他們必見他的面
岳愛美及其在華盲人教育事工

著 班蓮達、班羅拔 (Linda and Robert Banks)

譯 陳思衛

中文版權 © 賢理・璀雅

作者／班蓮達、班羅拔（Linda and Robert Banks）
英譯／陳思衛
審校／李家慧

中文書名／他們必見他的面
英文書名／They Shall See His Face: Amy Oxley Wilkinson and Her Visionary Education of the Blind in China

All rights reserved.
Copyright © 2021 Linda Banks and Robert Banks, of the English original version by Linda Banks and Robert Banks. This edition licensed by special permission of Wipf and Stock Publishers.
www.wipfandstock.com
No Part of this book may be reproduced or transmitted in any form or by any means, electronic or mechanical, including photocopying, recording, or by any information storage or retrieval system, without permission in writing from the publishers. For information, address Wipf and Stock Publishers, 199 West 8th Avenue, Suite 3, Eugene, OR 97401, USA or address Latreia Press, Hudson House, 8 Albany Street, Edinburgh, Scotland, EH1 3QB.

本書部分經文引自《和合本（修訂版）》，版權屬香港聖經公會所有，蒙允准使用。

策劃／李詠祈
裝幀設計／冬青
出版／賢理．璀雅出版社
地址／英國蘇格蘭愛丁堡
網址／ https://latreiapress.org
電郵／ contact@latreiapress.org
中文繁體初版／ 2024 年 1 月

ISBN: 978-1-913282-47-9

致我們的摯友盧安德烈（Andrew Lu）
若非他的遠見和慷慨，本書或許根本無法寫成

目錄
Contents

插圖來源 I

插圖清單 III

鳴謝 V

序幕 IX

1– 中國呼聲（1868-1895）..................................... 1

2– 田溝盲童（1896-1900）..................................... 25

3– 滿心雀躍（1901-1906）..................................... 63

4– 歌韻悠揚（1907-1914）..................................... 93

5– 嘉禾勳章（1915-1920）..................................... 127

6– 自東徂東（1921-1949）..................................... 155

後記 187

參考書目 193

中譯參考資料 203

人名對照 205

報刊名稱對照 208

附錄：岳愛美家族關係圖 210

在《他們必見他的面》一書中，班蓮達和班羅拔從歷史的迷霧裡，梳理一個重要而精彩的故事，以饗公眾。他們仔細的偵探工作（如他們所稱），帶出神怎樣施恩予人，實在發人深省。

—— 史耐德（Howard A. Snyder）
《*The Problem of Wineskins* and *Models of the Kingdom*》作者

在一個務實勤勞的文化底下，殘障人士往往被視為無價值的，纏累家人的低端人口。他們被忽視、被丟棄；現代如此，一百年前就更悲慘。宮岳愛美冒着重重困難，本着基督耶穌的愛，為視障者辦學。這個動人心魄的故事說明了耶穌的福音如何不僅僅透過話語，還透過行動，在弱勢群體當中的服事表達出來。今天，在中國教會裡，不難找到由視障人士組成的團契和詩班，見證了宣教士多年以來在整全福音上的努力。

—— 莫陳詠恩
前香港中國神學研究院副教授

本書講述一個勇敢又滿腔熱誠的宣教士及其在中國盲人群體的遺澤。行文之間,作者沒有喧賓奪主,只讓宮岳愛美的形象躍然紙上。這本傳記是基於無懈可擊的扎實研究,並展示二十世紀初的基督教傳教工作在社會公義議題上的貢獻(及其殖民主義成見)。本書行文優雅、相片精美,值得向公眾推廣。

—— 契夫頓(Shane Clifton)
《Crippled Grace: Disability, Virtue Ethics, and the Good Life》作者

班蓮達和班羅拔的精彩敘述,按照當時活生生的歷史、文化和政治處境,呈現了宮岳愛美的一生。本書資訊豐富、翔實、對應時代,堪稱傳教士傳記的極致。在這故事,有英雄氣慨、有對基督信仰的忠誠宣認、也滿有對中華人民的愛。本書挑戰每一個人,在神和各人良知所指之處,力行仁義。本人誠意推薦!

——Wei-Han Kuan
澳洲海外傳道會維多利亞州分會總監

從宮岳愛美身上可見，一位年輕的澳洲女士也能在貧苦和殘疾的群體惠澤流芳。在險峻的時勢、陌生的文化當中，面對無助又無望的兒童，她跟隨神的帶領，滿足他們的需要。這是一個鼓舞人心的真實故事，值得閱讀和流傳。

—— 郭宏信醫生（Russell Clark）
香港九龍基督教聯合醫院前醫學部主任
與英國海外傳道會駐香港宣教士 Kay Clark 聯署

這個振奮人心的故事，講述了宮岳愛美和她在福州盲校的奇妙事工。看到她一生委身在中國宣教，致力以愛與關懷去服事，不禁令人鼓舞。誠意推薦你閱讀此書，挑戰你的信仰、更新你對主的委身。

—— 柯偉生（Kua Wee Seng）
新加坡聯合聖經公會中國合作部主任

《他們必見他的面》以優雅的文筆描繪宮岳愛美的忠信和熱誠,並翔實地捕捉到她怎樣深愛中國的視障和盲眼兒童。她不是着眼他們的殘障,而是單純愛護這群孩子。她的故事堪作醫療和教育工作者的指引。

―― 羅倫·勞斯(Lauren Rouse)
職業治療師、點字翻譯員
澳洲墨爾本 The Statewide Vision Resource Centre

插圖來源

霍氏（A. & E. Hope）家族珍藏
——插圖 4、6、18、19、20。

赫澤頓（Hazelton）私人珍藏
——插圖 11、17、24、25、28、30、33。

班蓮達、班羅拔家族珍藏
——插圖 2、3、9、12、14、15、23、27、31、34。

澳洲海外傳道會檔案館
——插圖 1、5、10、29。

英國海外傳道會檔案館
——插圖 16、21。

劍橋以馬內利學院檔案館
——插圖 13。

杜克大學大衛·魯賓斯坦罕有書籍及手稿特藏館
—插圖 22。

其餘插圖 3、8、32皆來自公共領域。

插圖清單

插圖1：25歲的岳愛美。鳴謝澳洲海外傳道會特藏館慷慨提供

插圖2：岳愛美的主要家譜

插圖3：哥必第（Cobbitty）的聖保羅堂

插圖4：在悉尼病童醫院（Sydney Hospital for Sick Children）的岳愛美護士

插圖5：史舉伯（岳愛美攝於「達理薇」）

插圖6：海伊莎（前排左一）與岳愛美（後排左一），攝於馬斯登宣教訓練所（1893年）

插圖7：福州南台島古田教案殉道者之墓

插圖8：由福州舊城遠眺鼓嶺

插圖9：福建省中心地圖

插圖10：岳愛美在小艇上，旁邊是和平使者號

插圖11：給伊莎白的手寫信（1898年11月16日）

插圖12：岳愛美、邵敏娜（左）、伍蘇菲（中）與東岱聖經班合照

插圖13：早期男童盲校的學生

插圖14：宮維賢（第二排右二），攝於劍橋

插圖15：南台島聖約翰堂，岳愛美與宮維賢結婚之地

插圖 16： 正在使用運動器材的學生

插圖 17： 年紀較大的學生在醫院幫忙

插圖 18： 盲校及醫院（1905年）

插圖 19： 岳愛美、宮維賢和宮依蕚在「達理薇」的悠閒照（1908年）

插圖 20： 宮維賢在醫院院區的家中工作（1909年）

插圖 21： 岳愛美與樂隊巡迴演出（1909年）

插圖 22： 岳愛美用運動器材使學生學習平衡

插圖 23： 男孩在盲校編蓆、編織

插圖 24： 岳愛美、宮維賢與宮馬岳、宮依蕚合照，攝於倫敦（1915年）

插圖 25： 宮依蕚給父親的明信片，由宮維賢預先填好地址

插圖 26： 盲校的紅十字旗操

插圖 27： 巡迴中的盲童樂隊

插圖 28： 岳愛美的民國褒章，這是岳愛美僅而倖存的勳章

插圖 29： 英國海外傳道會在倫敦農業大廳舉行的展覽會（1922年）

插圖 30： 岳愛美在英國海外傳道會展覽上觀見瑪麗皇后（1922年）

插圖 31： 巡迴英格蘭的盲童樂隊（1922年）

插圖 32： 1930年代，東倫敦灰岩樓的華人

插圖 33： 岳愛美佩戴嘉禾勳章及民國褒章（1930年）

插圖 34： 岳愛美與宮維賢在唐橋井之墓

鳴謝

要研究並撰寫一本書,與偵探工作頗為相似,同樣要獲取各種資訊。這些資訊往往並未刊印,而且必須仰賴許多不同人的貢獻。是次研究主要由蓮達負責,耗時將近十年。在這期間,我們走訪了五個國家,有些更要去而復返。然後,我們又再在三個不同的地方,共耗費一年,才完成寫作。

我們要感謝以下人士,慷慨提供重要的資料:感謝岳愛美的母系親屬霍愛蓮(Ellen Hope)和霍艾力(Alistair Hope),不但妥善保存了岳愛美在華早期的家書和日記,更將之精心謄錄成文。感謝岳愛美的英籍外孫赫彼得(Peter Hazelton)及其女兒韓路得(Ruth Horne),就岳愛美離華之後的日子,提供了詳細的資訊。在本書的寫作過程中,我們經常與路得交流,她貢獻良多。

關於岳愛美在華的工作,很多重要文件都得自以下館藏:首先是澳洲國立大學的豐富資源,尤其是韋爾奇博士(Ian Welch)的出色作品。還有悉尼的澳

洲海外傳道會檔案館、坎培拉的澳洲國立圖書館、新加坡三一神學院、香港浸會大學、牛津克勞瑟宣教研究圖書館、Adam Matthew Digital 出版社的英國海外傳道會典藏、伯明翰大學吉百利中心、赫澤頓家族（Hazelton）的珍藏，福建師範大學圖書館提供了部份歷史資料，還有摩爾神學院圖書館也提供了安美瑞會吏（Mary Andrews）及福州盲校詩班的錄音。

我們衷心感謝以下人士：感謝牛喬治（George Niu，音譯），我們在關於中文諺語、習俗、早期傳教歷史等方面，都承蒙他寶貴的幫助。感謝澳洲文化歷史學家大衛．沃克教授（David Walker），他對我們不吝支持與鼓勵，亦對澳洲與中國的早期政治關係知之甚詳。感謝坎培拉皇家盲人協會的羅倫．勞斯（Lauren Rouse），感謝哥必第鎮聖保羅教會的本地歷史學家約翰．伯格（John Burge）。

感謝陳兆奮教授和福州市花巷基督教堂的陳立福牧師、余興禮牧師、郭以諾牧師，這幾位中國朋友讓我們更了解岳愛美在福建省的生活處境。感謝福州盲校的校長、前校長、職員和校友，讓我們接觸到重要的文物和照片，又讓我們有機會參與他們在國際白手杖安全日的慶典。我們也感謝韓拜恩（Brian Horne）攝錄該次慶典、張金紅博士為後來的討論擔任翻譯、該校簡史的作者和譯者陳君恩和潘麗英普陽（Pan Li-ying Puyang，音譯）。

鳴謝　VII

　　我們深深感謝澳洲海外傳道會維多利亞州分會總監關偉漢博士（Wei-Han Kuan，音譯）的鼓勵，並承蒙他安排，得以透過 Keith Cole Publishing Fund 得到財務上的支持。另外，再次深深感激盧安德烈先生（Andrew Lu，音譯）的持續關注和慷慨解囊。

　　我們很感恩能與以下人士同工：感謝澳洲聖經公會的行政總裁格雷格．克拉克（Greg Clarke），他是我們的良友；感謝橡實文化（Acorn Press）的副編輯克里斯．阿蓋爾（Kris Argall）協助我們處理本書的初稿；感謝世華中國研究中心的戴德理（G. Wright Doyle）和 Wipf and Stock 出版社的韓森（K. C. Hanson）協助我們修訂本書，以饗國際讀者。我們唯一的實質改動，就是刪減關於岳愛美原生家庭及宗教背景的內容。

　　我們在完成此書後才發現，原來岳愛美是我們的表姨婆。有這樣的遠親長輩，我們既驚又喜，與有榮焉。

班蓮達、班羅拔
2020 年 7 月

插圖1：25歲的岳愛美。
鳴謝澳洲海外傳道會特藏館慷慨提供。

序幕

時為 1980 年的平安夜。此際，中國才剛剛對西方重新開放。

有個男人剛剛回到福建省省會福州。早在共產黨的革命期間，他的家人就已遷離中國的東南方。在城內一家餐館晚飯後，他開始步行回家。這夜又濕又冷，山風凜冽。

逛過那著名的三坊七巷時，他四處張望，尋找童年的蛛絲馬跡。他從前常常經過某些建築，附近還曾經矗立一座大教堂，但如今滄海桑田，早已不見往昔的痕跡。

他自忖：「真可惜！」。他正繼續邁步，忽然聽見寒風傳來一股奇特的聲音。原來有人在巷子深處吹笛，其旋律他熟稔於心：

普世歡騰！救主降臨。全地接祂為王！

他徐徐走近，在微弱的燈光下，只見一位衣衫襤褸、老邁瞎眼的乞丐。他立時認出那人的臉。

「抱歉,」男人以方言說道。「我是陳牧師[1]的兒子,家父從前在這附近頗有名氣。你也許不認識我,但你想必認識先父?」

那人緩緩放下笛子,神情困惑,遲疑一陣後堅決地搖搖頭。「不,先生。我只是個卑微的乞丐,畢生失明、一無是處。我是這個社會主義國家的渣滓,是人民的負累。我發誓,我不認識甚麼牧師或外國人。實在抱歉。」

「怎麼可能?」那男人說。「我記得你。我小時候聽過你在盲校樂隊演奏和歌唱。你不是岳愛美女士的學生嗎?說起來,你不就是曾隨她到英格蘭的九個學生之一嗎?」

那瞎子正喃喃欲語,卻又突然沉默下來。他臉上深深刻着的皺紋和佝僂的身軀,彷彿訴說滄桑歲月的風霜。

牧師之子靈機一動,試探地開始以英文唱出:

---

[1] 編按:這位牧師的姓氏在英文原版中為 Ding。查當年閩粵一帶或會將「陳」讀作 Ding(如:福州首位華藉主教陳永恩的英文名字即為 Ding Sing-Ang),加上文中寫明是以福州方言發音,故猜測是姓陳。陳永恩於 1903 年封牧,1922 年升為會吏長,1927 年晉為主教(會督),1940 年退休。這位牧師或許便是指陳主教本人。關於陳氏的生平簡介,參黃仰英《飲水思源》,86、184-185 及《華典》的記載(https://bdcconline.net/zh-hant/stories/chen-yongen)。

奇異恩典，何等甘甜，我罪已得赦免。
前我失喪，今被尋回…

不料，那老者開始飲泣，流着淚輕輕唱和。他仰起臉來，聲如少年，悅耳如天籟：

…瞎眼今得看見！

兩人深深相擁，沒入深夜裡。[2]

---

[2] 這故事，是由中國當地的歷史學者 George Ngu 向作者敘述。

1
中國呼聲（1868-1895）

    1868年1月13日，星期一。康登鎮（Camden）依舊炎熱潮濕。傍晚時份，在奧克斯里家，約翰[1]和哈莉葉[2]的第七個孩子在「卡邨山莊（Kirkham）」出生了。岳愛美[3]初生的幾年，都是在這座家族莊園裡度過的。這裡是悉尼市西南約三十英里，被譽為「本郡最貴重的鄉村莊園」[4]。「卡邨山莊」建於1816年，是出自岳愛美的祖父母約翰[5]和艾瑪[6]的手筆。莊園

---

[1] 編按：約翰・奧克斯理（John Norton Oxley），下稱「岳約翰」。
[2] 編按：哈莉葉・奧克斯理（Harriet Oxley），本姓「海修」（Hassall），下稱「岳哈莉」或「海哈莉」。
[3] 編按：愛美・伊莎白・奧克斯里（Amy Isabel Oxley），下稱「岳愛美」。
[4] 《悉尼晨鋒報》（*Sydney Morning Herald*）（1870年12月3日）。
[5] 編按：約翰・奧克斯理（John J. W. M. Oxley），下稱「老岳約翰」。
[6] 編按：艾瑪・奧克斯理（Emma J. Oxley），本姓「駱頓」

內，有十間寬敞的臥室可招待家人和客人。至於寬敞的閣樓，則曾被她外曾祖父馬斯登牧師（Rev Samuel Marsden）用作舉行該區首次崇拜。在「卡邨山莊」四周的園林都是精心修剪的，其中還有各式歐洲樹木和灌木。另外，山莊還有幾個規模可觀的工人房舍、一個先進的蒸汽磨坊、幾個雙層馬廄、一個高產量的奶牛場，以及一個出口葡萄酒外銷的精品酒莊。岳愛美的父親岳約翰除了監督莊園營運，也擔任裁判官，並在新南威爾斯（New South Wales，下稱新州[7]）第一屆議會當選為議員，代表該區。[8] 岳約翰頻頻出差，岳哈莉則專注操持家務和教育孩子。[9]

　　岳愛美的父母住在附近的農莊裡。她父親是著名

（Norton），下稱「岳艾瑪」或「駱艾瑪」。
[7] 編按：澳洲各州原是獨立的自治殖民領地，在1901年共同組成聯邦政府後，才稱為各州。為方便行文，統稱為州。下同。
[8] 關於岳約翰的更多資訊，可查閱 *Dictionary of Sydney* (2008)（2015年6月檢閱）。
校按：關於岳約翰的公職職銜，暫未有明確的中文翻譯。「裁判官」的原文是「magistrate」，英屬香港曾譯作「巡理府」、「推事」，間中譯作「太平紳士」（但太平紳士正稱是 Justice of Peace, JP），後期譯作「裁判官」。至於在議會，準確而言，岳氏是當選為下議院「新南威爾斯立法會」（NSW Legislative Assembly）的議員；下議院與上議院「新南威爾斯立法局」（NSW Legislative Council）共同組成新州議會。
[9] 以下細節來自岳哈莉與她姊姊霍海瑪莉（Marianne Hope）的通信。這些書信由其後人保管，存於霍氏家族的珍藏。

1 – 中國呼聲（1868-1895）

探險家老岳約翰之子，而她母親則是一位開荒牧師馬斯登的外孫女。岳哈莉的祖輩是太平洋南海諸島的宣教士，父親海修牧師（Rev. Thomas Hassall）曾經是馬斯登牧師的助手，後來迎娶了他的女兒馬安妮（Anne Marsden）。海修也創辦了英屬新州的第一所主日學，而且由於教區佔地遼闊，故被稱為「奔馳的牧師」。[10] 附近的哥必第鎮（Cobbitty）聖保羅堂（St Paul's church）是該教區的座堂，岳約翰夫婦在此聚會，也在此結婚。那是1854年2月，由海修證婚。

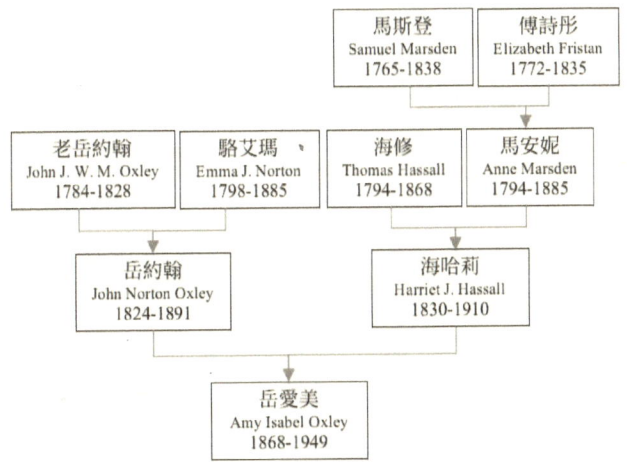

插圖2：岳愛美的主要家譜[11]

---

[10] 見 Reeson, "Thomas Hassall," *ADEB*, 159-60 及 Hassall, *In Old Australia*, 1902。

[11] 編按：本書涉及的家族人物眾多，為方便華人讀者，請參考附錄整理的岳愛美家族關係圖。

「卡邨山莊」的生活，基本上反映維多利亞時代上層中產的價值觀和生活節奏：有家庭教師長住家中，教導適齡的孩童學習「閱讀、寫作和算術」相關的基本學科，還有歷史和地理。另外，還有游泳、騎馬、射擊和體能訓練。至於當時流行的兒童遊戲，如跳繩、拋接子、彈珠、「柑橘與檸檬」、「狐狸先生，幾點鐘？」等，都被視為富有教育意義的遊戲。岳愛美的姊妹學習鋼琴和唱歌，她們的二重唱更是朋友和訪客最喜愛的節目，而岳哈莉亦偶爾以簧風琴為女兒伴奏。透過為洋娃娃製造衣服，她們也學會了縫補、刺繡和編織。女孩學習「針線的功夫和裁剪的技藝，必畢生受用」。[12]

　　「卡邨山莊」的生活節奏，致力將基督信仰自然而然地融入孩子的生活中。晨禱、晚禱、讀經，都是他們的日常；而每週的焦點，則是參與哥必第聖保羅教堂的聚會。聚會後，他們常在「丹壁（Denbigh）」與一眾親戚聚會。丹壁是岳愛美外公外婆的家園。此時，外公海修已經逝世，外婆馬安妮則成為了整個家族的大家長。在週日的午餐聚會中，往往充滿引人入勝的故事，講述父輩先賢的生活和英勇事蹟。大宅的牆上陳列着的文物和圖片，也見證部份的故事。

---

[12] 出自當時一份流行的維多利亞時代報刊 The Home Book for Pleasure and Instruction, 引述於 Goodman, How To Be A Victorian, 312。

插圖3：哥必第（Cobbitty）的聖保羅堂

在這裡，岳愛美開始認識先輩的故事。她的外曾祖父馬斯登，原來是英國約克郡的鐵匠之子，在社會改革家威廉.威伯福斯（William Wilberforce）的資助下，在劍橋大學攻讀神學。後來，英屬新州初建，他成為殖民地的首位助理教牧。他成為裁判官，致力改善社會的道德水平，又爭取改善女囚的待遇。他為新西蘭的毛利人引入福音和教育，使他們有機會得到職業與神學的訓練。此外，他協助建立首所孤兒院，又協助聖經公會[13]和英國海外傳道會（Church Missionary So-

---

[13] 編按：Bible Society，全名應為 The British and Foreign

ciety，CMS）設立澳洲分部。[14]

　　岳愛美還得知，原來祖父老岳約翰來自約克郡，十五歲加入英國皇家海軍，受命繪製澳洲的海岸線。他迅即獲委任為整個殖民地的測量總長，並獲得悉尼南部一千英畝的優質耕地（後來更擴大到五千英畝）。他在澳洲的西部和北部探險拓荒，那些地區未經勘查，他有時更會有生命危險。此外，他參與鞏固學校和孤兒院的事工，也協助聖經公會的工作。他獲委任為裁判官，最終更成為首屆立法局[15]的五名成員之一。可惜，由於探險工作的艱苦和風霜，他英年早逝，年僅四十四歲。[16]

　　岳愛美的父母經常與一些在康登鎮擁有莊園的大人物來往，其中包括：一位新州州長、像麥克亞瑟夫婦（MacArthurs）等牧羊大戶[17]、其他著名的探險家、教會領袖、偶爾也有宣教士來訪。其中更曾有一位宣

Bible Society。亦曾譯作「大英聖書公會」、「英番聖書公會」等，今稱「英國及海外聖經公會」。
[14] 關於馬斯登的事蹟，見 Johnstone, *Samuel Marsden* 和 Yarwood, "Samuel Marsden," *ADEB*, 250-53。
[15] 即 NSW Legislative Council，新州議會的上議院。
[16] 見 Dunlop, "Oxley, John Joseph"（2016 年 3 月檢閱）。詳情見 Johnson, *Inland Sea*。
[17] "Eliza Hassall,"《伊拉瓦拉歷史學會》(*Illawarra Historical Society*)，1999 年 3/4 月刊，29。

教士由中國來。在社會階層的另一端，岳氏家族亦經常與當地的原住民互動。這些原住民斷斷續續地受雇於「丹壁」，並在此舉行傳統慶典（corroborees）。

後來，由於小麥價格下跌，加上若干高風險的投資，令約翰財務變得不穩定。情況持續了數年之久，他最後無奈決定變賣大多數房產。正如岳哈莉寫給胞姊海瑪莉的信中所述：「約翰欠了一大筆錢……而且他看來不太可能在幾年內還清。」[18] 變賣房產的過程花了一段時間，而餘款則只夠約翰在離悉尼市中心兩英里外的格里比（Glebe）租了一棟兩層樓的大宅，名為「柳樹居（Willow Lodge）」。那是一幢美侖美奐的房子，有石頭的地基，還有磚的牆、板岩的房頂、優雅的露台，還有一個小前院。屋裡有八間套房，過去一直由幾位成年人、家僕和偶至的訪客居住。鑑於「柳樹居」的規模和地理位置，他們一家便可以將部份房間出租，為長期及短期的房客提供「高貴雅致」

---

[18] 此信寫於 1863 年 1 月。另外，亦見於 1864 年 2 月 11 日及 10 月 14 日的信件。

的住處，從而相對穩定地幫補家計。負責管理租賃的是岳哈莉，而她其實還須照顧新生兒岳蓓蒂（Beatrice）和五名年幼的子女。搬家後不久，岳愛美就染上了猩紅熱。這病不但極易傳染，更會構成生命危險。幼年患病，令岳愛美開始接觸病理和醫學，這亦將成為她畢生的焦點。

1875年初，岳愛美邁進了一個新的世界：她年紀漸長，現在已經可以入讀附近的格里比公學（Glebe Public School）。該校是當地首間因進步主義（progressive）而聞名的學府。由於每個學年只有秋、冬兩個學期，岳愛美在入學後仍能有一半時間留在家中協助母親，或探望其他親戚，尤其是姨姨海伊莎（Eliza）。海伊莎住在上游的巴拉馬打（Parramatta），這是新州殖民地第二古老的聚落點（settlement）。岳愛美還有一位姨媽海瑪莉（Marianne），住在毗鄰的維多利亞州（Victoria，下稱維州）的吉朗市（Geelong）。在某次長假期，海瑪莉帶同女兒伊莎白（Isabel）來訪。岳愛美和伊莎白兩表姊妹一拍即合，其友誼亦隨往後的通訊和互訪而與日俱增。[19]

---

[19] 見海瑪莉的書信與日記（1879年10月、1881年6月、1883年7月與1885年5月）。霍氏家族珍藏。

> 及至1870年代末，大英帝國終於不再視澳洲為流放罪犯和駐軍之地。雖然已在維多利亞女王治下近半世紀，但澳洲日漸為其獨有的身份認同而自豪。此時，各州都已有民選議會，並逐步轉型成為獨立的聯邦政體。維州已引入八小時工作制，重要的工業也開始起步，諸如鎢絲燈泡、收銀機、消毒藥水、越洋電報等新科技亦紛紛湧現。

1880年，新州頒布《公共教育法》（Public Instruction Act），引入了統一的教程和教師培訓政策。按照新政，岳愛美應邀成為了學校的實習老師（pupil-teacher），在一年的培訓期間，在課室協助老師教學。假期時，岳愛美和幾兄弟姊妹常常住在祖母岳艾瑪的砂岩大宅裡。這大宅建築優美，而且位於依山傍水、綠樹成蔭的獵人山（Hunter's Hill）上，俯瞰悉尼港。岳愛美十五歲時，祖母疾病纏身，於是除了最年長的兄姊之外，全家都從「柳樹居」搬到大宅去照顧祖母、維護莊園。岳愛美雖然要每天乘渡輪往返格里比區，但路途總算愜意閒適。這段期間，她愛上了在附近的

河道上划艇,並加入了由父親擔任教練的划艇隊。在當地的報紙,有一篇這樣的報導:

> 上週六,巴拉馬打河上舉行了一場精彩的比賽,包括六場划艇比賽,賽程包括半英里及1/4英里。各場賽事均有女士參與。在1886年3月一系列相似賽事的第三場中,岳愛美小姐(舵手)表現亮眼出眾。[20]

對岳愛美而言,1886年是抉擇之年。她已經執教三年,也頗享受學習與兒童溝通所帶來的挑戰,尤其是那些學習遲緩的兒童。這時,悉尼病童醫院剛在格里比開張,其創新的兒科護理方式正好吻合她對教學和護理的興趣。於是,在那年秋天,十八歲的岳愛美就申請接受培訓。等待開學的時候,她寫信給姨媽海瑪莉,請求在其莊園裡暫住。那莊園位於維州,佔地四千五百英畝。

在「達理薇(Darriwill)」[21],岳愛美「打工換宿」,為姨媽海瑪莉當司機、又協助改善網球場。她還喜歡騎馬、游泳、射擊,甚至在附近的河上划船。在這個

---

[20] 例如,見《悉尼晨鋒報》後來的報導:1894年7月30日,頁3。
[21] 編按:應指海瑪莉的莊園。

悠長假期裡，岳愛美與表妹伊莎白有很多相處的時光。在往後的家書中，岳愛美往往稱伊莎白為「親愛的船長」，而自稱是她的「二副」。[22] 兩人的信仰生命都與日俱增，並熱衷於將福音傳遍世界。[23] 在「達理薇」，每天的生活都始於晨禱、終於晚禱。據岳愛美的遠房表親、澳洲歷史學家赫萬寧（Manning Clark）所言，當中的讀經環節更是全家總動員，連家僕也會一同參與。[24] 岳愛美亦熱衷參與社區的各種跨宗派聚會，其中有些是在「達理薇」舉行。

海瑪莉姨媽將莊園塑造為一個避風港，疲憊的教牧和事奉者來訪，便可在此歇息，並會在主日的「會客室聚會」分享。岳愛美十九歲生日時，收到姨媽海伊莎寄來的一張咭，鼓勵她和海瑪莉在下次到墨爾本時，可去拜訪馬卡尼牧師（H. B. Macartney）。原來這位馬卡尼牧師向來鼎力支持宣教工作，是宣教士和差會的重要後援。海伊莎知道姨甥女正考慮到海外當護士，認為若能與他交流，應該會有助釐清她對未來的想法。

---

[22] Welch, *Amy Oxley*（2015 年 1 月檢閱）。

[23] 霍伊莎白（Isabel Hope）於 1939 年去世。其時，她的私人通訊簿裡記錄了中國、印度、日本、巴勒斯坦與新赫布里底群島共管地（譯按：今稱萬那杜）等地宣教士的詳細資訊。

[24] McKenna, *Eye for Eternity*, 55.

> 海伊莎（Eliza Marsden Hassall，1834-1917）自從早年在「丹壁」的歲月開始，就協助父親海修（Thomas Hassall）和弟弟海詹士（James Hassall）的事工，又參與領導哥必第教堂的主日學。她終身未婚，管理偌大的莊園，甚至學會釀酒。父親去世後，海伊莎與母親馬安妮一起搬到巴拉馬打，照顧她的起居，直到她與世長辭。海伊莎二十歲出頭便已投身參與英國及海外聖經公會（British and Foreign Bible Society）。在她四十多歲時，青年讀經會（Young People's Scripture Union）在倫敦成立，她於一年後迅即為其開設第一個澳洲分會。由於海伊莎精力充沛、長袖善舞，該會在十年內增長至三百個分會、一萬二千名會員。[25]

---

[25] Teale, "Hassall, Eliza Marsden," *ADB*（2015年3月查閱）; Stewart and Hassall, *Hassall Family*, 79-80.

1887年初,岳愛美回到悉尼,開始在格里比的病童醫院受訓。[26] 該院是新州首家兒童專科醫院,並特別旨在照顧貧困家庭的兒童。這些兒童往往來自農村和鄉郊。

插圖 4: 在悉尼病童醫院(*Sydney Hospital for Sick Children*)的岳愛美護士

---

[26] 《城鄉雜誌》(*Town and Country*),1875 年 4 月號,頁 44。

岳愛美記起自己幼年怎樣與死亡擦肩而過，就學習照顧那些患上致命而極易傳染的疾病、先天畸形、營養不良的相關病症、和因意外而接受了手術的復康病童。當時，醫院的頭號敵人就是白喉。直至1920年代發明相關疫苗之前，白喉一直是兒科的重症。[27] 從中，岳愛美學到原來個人的認識和關懷，對病童至關重要。以下引文截自她二十一歲時撰寫的文章，可讓我們直接窺見她的性情和護理的進路：

> 我們應該盡可能地致力使醫院有家的感覺，讓那些使病童更舒適的因素發揮作用……從而促進復康。假如成年人都需要友善的關懷，那麼，那些苦於病患而亟待關愛的病童，豈不更加需要嗎？……我們必須緊記，兒童無法指出我們的失誤。我們若要成功辨明病灶，往往只能倚靠最密切的觀察和最深切的同理心。[28]

1891年，正當她即將完成受訓時，她父親突然倒下，猝然離世。岳愛美一方面感到十分愕然，另一方

---

[27] 該院於1904年更名為皇家亞歷山德拉醫院（Royal Alexandria Hospital），後來改組合併為今天享負盛名的韋斯敏兒童醫院（Westmead Children's Hospital）。

[28] 《城鄉雜誌》，1889年9月7日，頁30。

面卻使她更堅定地立志要活得有意義。就在一年前，戴德生（Hudson Taylor）的文章〈給萬民聽〉到了澳洲。該文闡明宣教工作的重要性，而且影響深遠。[29] 同年5月，首位隨中國內地會（China Inland Mission, CIM）赴華的澳洲宣教士列瑪麗（Mary Reed）回到了澳洲，在悉尼市政廳發表演說，台下座無虛席。她的講題為《我赴華的原因及所見所聞》，並「呼籲凡預備好在中華帝國促進福音廣傳的人投身宣教士行列」。[30] 岳愛美立即深感興趣。得知戴德生該年的澳洲之行只限於墨爾本，她只好聽海伊莎和伊莎白事後的分享。她們形容戴德生為人簡樸率真，所以當他呼籲更多人到中國宣教時，顯得更為有力。然而，在1891年11月，列瑪麗和一行七位即將赴華的宣教士途經悉尼，他們是首批參加中國內地會的澳洲人。於是，岳愛美便有機會認識他們。[31] 另一邊廂，她在母會聖公會聖巴拿巴堂百老匯中心（St Barnabas' Broadway）聽了開西大會（Keswick Convention）著名講員

---

[29] 編按：〈給萬民聽〉[To Every Creature] 一文出版於1889年12月份的《中國億兆》。詳參史蒂亞：《戴德生——摯愛中華》，梁元生譯（香港：福音證主，2005），頁338。

[30] 摘自《悉尼晨鋒報》，1890年6月7日，頁19。

[31] 摘自 Welch, "Mary Reed", 2014年8月。

古蒲牧師（George Grubb）的連場演說，更堅定了她投身宣教的心志。[32]

最終使她下定決心的，是1892年5月的兩位訪客：史犖伯牧師（Robert Stewart）和司徒友仁（Eugene Stock），前者是在中國福建開荒的英國海外傳道會宣教士，而後者則是該會的編輯秘書。史犖伯主領多場聚會，無論是在聖安德烈座堂（St Andrew's Cathedral）的公開聚會，或是在青年會堂（YMCA Hall）面對數以百計的華人基督徒，他都強而有力地闡述中國的需要。

> 他舉起手中的雕像，描述家家戶戶是如何向這樣的偶像祈求蔭庇。他展示一隻極小的鞋子，解釋女嬰是如何飽受纏足的虐待和摧殘。他談及城外塔樓下的小坑，講述人們時常將新生女嬰拋擲殺死。神現在要如何招聚這些人歸於自己呢？祂透過新辦的學校，讓女孩也可讀書、識字、學習算術，而且得聞耶穌的

---

[32] 有關古蒲在澳洲的旅程及影響，見 Chant, *Spirit of Pentecost*, 180-82。其他受他的事工影響的知名人士包含：夏文牧師（Rev R. B. S. Hammond）、貝葛畢牧師（Rev. H. S. Begbie）和我們的姨婆伍蘇菲師姑（Sophie Sackville Newton）。關於伍師姑的故事，見 Banks, *Faraway Pagoda*。

故事、頌唱耶穌的聖詩。祂透過新辦的醫療中心,為無數的病患帶來醫治,並讓他們有機會得聞福音、得見這喜訊活現眼前。最後,他呼召與會者投身其中,協力參與。[33]

史舉伯提到醫療和教育,使岳愛美深有感觸,因為這揉合了她個人的信念和經驗。她聽說史舉伯和司徒友仁在維州巡迴演講時,有一站正是「達理薇」,便安排自己在那段時間與表妹同住。岳愛美發現史舉伯很有魅力、平易近人、風趣幽默,甚至願意讓她拍照!這兩位訪客又提到兩位來自墨爾本的年輕女性,荀內莉(Nellie Sanders)和荀託偲(Topsy Sanders)。原來她們已經自薦,要隨澳洲海外傳道會(Church Mission Association[34])維州分會一起赴華,並快將在

---

[33] 關於史舉伯的深遠影響,在 Watson, *Robert and Louisa Watson* 的第一章有詳細探討。

[34] 編按:海外傳道會(Church Missionary Society)原為大英聖公會的差會,於 1799 年在克立咸派(Clapham Sect)牽頭成立,並陸續在各地成立分會。1892 年,澳洲海外傳道會的維州和新州分會率先成立,當時稱為 CMS Associations。現今稱為 CMS Australia。中文譯名不變。詳見 Rosemary Keen, "Church Missionary Society Archive," Adam Matthew Publications. http://www.ampltd.co.uk/digital_guides/church_missionary_society_archive_general/editorial%20introduction%20by%20rosemary%20keen.aspx。

古田與史犖伯及其妻子路易莎（Louisa Stewart）會合。讓岳愛美喜出望外的是，史犖伯邀請岳愛美禱告並考慮加入他們。[35]

插圖 5：史犖伯（岳愛美攝於「達理薇」）

回到悉尼後不久，岳愛美就申請加入澳洲海外傳道會新州分會，並迅即就被錄取了。就在該月，海伊莎姨媽也受該會邀請，創辦一個婦女宣教訓練所，並

---

[35] 記載於霍海瑪莉的日記（1892年8月10日、8月25日、9月9日、9月12日、9月13日及9月17日）。日記現由霍氏家族收藏。

擔任督導。她於是開放她位於艾士菲（Ashfield）的住所「克魯登（Cluden）」，供訓練所之用。

插圖 6：海伊莎（前排左一）與岳愛美
（後排左一），攝於馬斯登宣教訓練所（1893年）

馬斯登宣教訓練所於 1893 年初開始運作。[36] 揭幕禮由悉尼座堂主任高柏牧師（William Cowper）主持，並以海伊莎的祖父馬斯登牧師命名。首批受訓的有岳愛美和另外兩位同獲澳洲海外傳道會取錄的學生，以灰色外衣和黑色的上漿硬領為制服。岳愛美相當享受

---

[36] 有關是次開幕禮的更多新聞報導，見於《海內外的宣教士》（*Missionary at Home and Abroad*），1893 年 3 月號，頁 8。

與他人一起生活和學習。對她而言，能夠全時間研習基督信仰、與其他一同委身的年輕婦女互相分享、並預備自己投身宣教，真是莫大的榮幸。訓練課程包括聖經、教會歷史、護教學，諸如宣教地理、急救和音樂等實務科目，以及基礎和產科護理等選修科。授課者包括來訪的神職人員及其他人士，也包括海伊莎本人。

岳愛美在受訓的兩年裡，選修了產科護理，並且取得優異成績。她在病童醫院未曾為此受訓，但對她在華的工作非常重要。[37] 在週末，岳愛美也常與悉尼幾間華人教會保持聯絡。最後，在1894年5月22日，澳洲海外傳道會正式差派岳愛美到福建省，並定於10月27日啟程。於是，她有幸成為該會新州分會有史以來第一位差往中國的宣教士。出發前，她去了一趟「達理薇」，與伊莎白相處並餞別。在這期間，她得知自己的啟航日期將會延遲，因為日本正在與中國對峙，而有些中國人對西方人抱持敵意。[38]

---

[37] 按照《傳道會拾穗》，1895年2月1日，頁23所載，有部份訓練是直接在馬斯登訓練所舉行。
[38] 是次耽延也要歸咎於一個行政的事故。詳見各持份者的往來通信（1895年1月1日到7月18日），載於 Welch, *Amy Oxley*.

> 聖公會在福建省的宣教工作，由英國海外傳道會於1842年開創。其事工發展緩慢，原因之一是由於首三位開荒宣教士之中，有兩位與世長辭。有一段時間，宣教工作的擔子完全落在胡約翰牧師（John Wolfe）及其澳籍妻子二人身上。同在該省宣教的另一個主要宗派，是美國衛理公會。當時，所有西方人都只可在租界活動，即限於福州舊城之外的南台島。在1870年代，先有海外傳道會在古田開荒、後有另一位中國牧師在連河開荒，基督教這才開始扎根內陸區域。及至1890年代中，仍只有十六位聖公會宣教士，其中有十一位聖品、兩位平信徒和三位女教師，但福建省人口高達二千萬，而且約有三千已領洗的信徒、另有三千人恆常參與教會聚會。[39]

---

[39] 見 Tang, "Mission in China," 1-3（2016年4月檢閱），及 Cole, *Church Missionary Society*, 43-44。對於同期基督教在華的發展，最佳的記載是 Bays, *Christianity in China*, 46-91。（編按：即裴士丹：《新編基督教在華傳教史》，頁59-117。）

在可以安全地出發到福州之前，岳愛美將大部分時間投入參與差會的拾穗者工會（Gleaners' Unions）和播種團（Sowers Bands）。差會稱這些為「有用的工作」。[40] 前者為宣教工作籌募資金，並為宣教士籌集書籍和衣服等物資。在悉尼，有一位名叫梅光達（Quong Tart）的基督教商界名人，他提供了包裝和寄出這些物資所需的場地。岳愛美為這些團隊安排資源、協調各隊的領袖、並協助成立新的團隊。另一方面，播種團則是為學齡兒童而設。這些兒童往往閱讀宣教士的故事、寫信給宣教士、並收集宣教士所用的物資。岳愛美走遍各教會，造訪已有的團隊、建立新的團隊，又在各州每年的大型兒童聚會上演說。[41]

1895 年 8 月 1 日，星期四。這天，岳愛美刻骨銘心、畢生難忘。她前一晚參加拾穗者工會的會議，因此晚了起床。當她正在獨自享用早餐時，海伊莎姨媽步進飯廳，臉如死灰、全身發抖。她拿出夾在腋下的早報，放在餐桌上，報上赫然寫着令人震驚的消息：六天前，岳愛美的準同事史舉伯夫婦、及其兩名年幼的子女、荀氏姊妹、另一個澳洲人、和另外四位宣教士，都在古田附近的山

---

[40] 澳洲海外傳道會 1894 年年報，頁 6。
[41] 《悉尼晚報》（*Evening News*），1895 年 12 月 7 日，頁 5。

丘上，被一個排外組織殘忍地虐殺了。由於情節極為嚴重，全球各大報章都以此作為頭條新聞。[42]

插圖7：福州南台島古田教案殉道者之墓

岳愛美悲痛欲絕。就在幾天前，她才剛收到史犖伯師母（Louisa Stewart）的華山來函[43]，信上提及有

---

[42] 是次事件只是前奏。幾年後，規模更大、更有組織的義和團運動殺死了數以百計的宣教士與中國信徒。詳情見 Welch, "The Vegetarians," 468-83。在 Banks, *Through the Valley*, 10-22，我們也闡述了這場屠殺的經過和前因後果。
編按：關於史犖伯牧師的宣教事蹟，亦可參魏外揚：《中國教會的使徒行傳：來華宣教士列傳》（宇宙光，2006）。關於當地聖公教會在古田教案前後的發展，參黃仰英編：《飲水思源》（星加坡：新馬出版，1972）。關於義和團與基督教，可參香港教區聖神研究中心、香港中文大學崇基學院宗教與中國社會研究中心、台北輔仁大學天主教史料研究中心的聯合出版：《義和團運動與中國基督宗教》。
[43] 編按：古田縣華山，又稱花山。不是陝西的西嶽華山。

一群有組織的滋事份子發起騷動，但形容工作進展順利。[44] 由於媒體廣泛報導，此事的影響就如同今日的重大恐怖襲擊一樣，在渡輪和火車上、在商店和茶室裡、在工作場所中、在晚餐桌上，都不斷有討論。在媒體上，開始有評論認為年輕女性的生命被「白白浪費」，甚至有認為對於像中國這樣的地方，「派女教士前往，簡直是一種罪行」。[45] 對此，在墨爾本聖保羅座堂舉行的追思禮拜上，荀氏姊妹的母親這樣回應：

> 把我們的年輕女性派到外國做宣教士，是否正確？既然男人只能做某些工作，誰來解救和幫助那些受苦的婦女呢？如果我還有兩個女兒、甚至十個女兒，我都樂意為中國的事工，將她們擺上。[46]

幾天後，在 8 月 16 日，岳愛美發表一場演說，題為〈神的愛是宣教的最大動力〉，並表明她仍然矢志要到中國服事。[47] 雖然她仍有些忐忑，但收到可以安全出發的訊息後，岳愛美就整裝待發。

---

[44] 見《世紀報》（*The Age*），1895 年 8 月 7 日，頁 5。
[45] 《伊拉瓦拉信使報》（*Illawarra Mercury*），1895 年 8 月 13 日，頁 2。
[46] 《世紀報》，1895 年 8 月 19 日，頁 7。
[47] 《坎伯蘭自由報》（*Cumberland Free Press*），1895 年 8 月 24 日，4。

2
田溝盲童（1896-1900）

1895年10月初，岳愛美收到一封來自英國海外傳道會倫敦總部的電報。

> 你想必即將起行，前往香港。本會秘書班尼特先生（Mr Bennett）將在彼迎候。班氏伉儷必將熱情歡迎你，並負責一應接待，直到你能啟程前往福州。[1]

岳愛美已等了一年多。接下來，她要在餘下不到兩個月的時間打點行裝、餞別親友。光陰如梭，她的差遣禮定於12月10日舉行，翌日迅即啟航。

---

[1] 此信出自巴齡古牧師（S. Baring-Gould）之手，他是英國海外傳道會倫敦總部的秘書。此信及以下各封書信，若未標示其他出處，都引自 Welch, *Amy Oxley*。其存檔方式或許是按書寫時間排序。

本日上午，悉尼聖安德烈座堂舉行了一場聖餐差遣禮，為岳愛美小姐餞別。岳小姐即將前赴中國宣教。與會的會眾與親友為數不少，主領者是格里比聖巴拿巴堂的馬田牧師（William Martin BA）和聖安德烈座堂的利德牧師（R. J. Reid）。[2]

太古輪船公司（China Navigation Company）的蒸汽輪船「成都號」（Chingtu）由該公司的米爾遜角（Milson's Point）碼頭徐徐啟航⋯⋯岳小姐是海外傳道會差派的宣教士，其親友亦在啟航前於船上舉行簡短的崇拜⋯⋯在場的包括該會拾穗者工會的成員，和幾位對岳小姐的事工感興趣的女士和先生。此外，還有幾個華人和卡納卡族[3]的皈信者。崇拜由艾全德牧師（M. Archdall）簡短致辭，馬田牧師（W. Martin）在唱詩後領禱，最後以祝福作結。[4]

---

[2] 《悉尼晚報》，1895年12月22日，頁4。
[3] 編按：卡納卡人（Kanaka）原為南太平洋島民，在澳洲受僱為廉價勞工，並往往飽受歧視與非人道對待。詳參大英百科全書，「Kanaka」條。https://www.britannica.com/topic/Kanaka。
[4] 《悉尼晚報》，1895年12月11日，頁7。

2 – 田溝盲童（1896-1900）

在接下來的幾年裡，岳愛美多番描述她的行程和工作。其中，大多是寄到澳洲給表妹伊莎白的私人書信；有些是寄到倫敦的英國海外傳道會或其他基督教機構，是較正式的報告；也有些是與朋友或同事之間的通信。另外，也有報章雜誌的報導。有這樣豐富的一手資料，我們可以從她本人或其同時代的人的口中，知道發生甚麼事：

1895 年 12 月 22 日致伊莎白的信：

> 我從不在星期天寫信，但由於可以在達爾文港寄信給你，我就破例一次。我跳上我的臥鋪，把手伸進郵袋，抽出你的來信。非常感謝你的來信和附上的經文，我會把經文夾在我的聖經裡。我的郵袋有六十五封信和一個聖誕包裹，我真是滿足。每天收到這些來信，真是太開心了……

> 到目前為止，我們旅途非常美妙，我甚至不曾感到頭疼。我確信上帝是在應允禱告。起初，船上沒有一人關心宣教，但感謝讚美主，現在已經不同了。我發現二副原來也曾在「海地號」上。荀氏姐妹曾得船副們送贈「小貓」，原來他也有份。我把她們的信借給他，他看得興致勃

> 勃……我有耶穌，萬事豐足。至於分離的痛苦……如你所說，祂是信實守諾的。
>
> 船上的乘客只有三位男士、兩位女士和兩位男孩，其中有四位是我們抵達星期四島（Thursday Island）後才上船。我想我們可以融洽相處。那位年輕的史旺小姐（Miss Swann）起初蔑視我，但我們現在是頗好的朋友。不過，她不願意放棄世界，接受耶穌。船副們對我非常好。英尼斯船長（Captain Innes）曾與［我兄長］威廉一起在「台南號」上……我的艙房長期維持［華氏］九十度，我現在提筆寫字也覺得困難，因為雙手濕得黏在紙上。愛你和姨媽。

1896年1月17日，致倫敦巴齡古牧師的信。巴牧師是英國海外傳道會的秘書，岳愛美在此提及該會的亞洲秘書，是岳愛美的澳洲同胞：

> 我已於1月底到達香港，逗留一週。班尼特夫婦非常友善，樂意讓我盡量觀摩他們的工作。我已於10日離開香港，並於14日抵達福州……非常感謝您寄來的《總則》和《規則和條例》。在主呼召我投身的這片宣教禾場，我相信我可以成為一個忠信的工人。

插圖 8：由福州舊城遠眺鼓嶺

> 鼓嶺村坐覽美妙的山景，並俯瞰福州城。若以步行或輕轎計，約有四小時的路程。起初，一位醫療宣教士為了避暑而建了第一間屋，然後許多西方僑民和機構都隨之而來，差會亦不例外。在七、八月的炎夏，海外傳道會在村內舉行年度大會，與會者便會租賃此處的房屋——甚至間中會乾脆興建新屋。鼓嶺的設施包括社交俱樂部、網球場、泳池、和登山徑。宣教士在此可以互通宣教或家鄉的消息、在美景下好好休息。

1896 年 2 月 19 日致伊莎白的信，寫於「高登（Go-Down，音譯）」——這是一個位於福州南台島的倉庫，有不同的差會共享當中的客房：

> 1月14日清晨，我們到達閩江，汽船緩緩駛向錨地。那天早晨灰沉而寒冷，但我站在甲板上，看着一切……夾岸高山梯田處處。我們駛經數十艘福船和舢板，實在風景如畫……
>
> 在抵達當天下午，有一場女士工作會議，我被委派到連江地區。連江地區幅員廣大，有一個城市和許多村落。那裡雖然有一位本地牧師，也正開展工作，但一直沒有常駐的宣教士……我想，直到一年後我通過第一次考試之前，應該不太會到那裡去……連江離福州有一天的路程，當地講的是福州話……
>
> <u>氣候</u>：天氣寒冷，足以穿上厚衣（我的吉朗粗花呢裙最是舒服），我在床上用熱水袋，蓋上兩張毛毯和一張鴨絨被。有一天下了雪，但每天天氣總是灰沉寒冷，幾乎天天下雨。
>
> <u>住宅</u>：房間寬敞，有高大的法式落地門窗，陽台和走廊都有百葉窗。

<u>飲食</u>：幾乎和家裡一樣，除了水牛奶和奶油[5]，是純白色的、看來像上好的豬油膏。時令蔬菜：高麗菜[6]、花椰菜、紅蘿蔔、馬鈴薯。水果：柳橙和無味的香蕉。大多數宣教士都會從家鄉運食品雜貨過來，我也打算這樣。這裡的東西太貴了。

<u>交通</u>：由兩到三個苦力抬着的椅子。就是一張藤製的扶手椅，尺寸多樣，椅上蓋着一個像籠盒狀的東西，籠盒兩旁有小窗。藤椅的兩側都綁定了竹竿。這種椅子通常往來於山丘上，穿插在墓碑之間。這裡的山丘全都佈滿墳墓，古老的石墳邊更會長出漂亮又細小的蕨類植物。然後有英國居民開闢的幾條窄路，還有幾條穿過「稻田」的小徑……

<u>教會</u>：有一場聖公會的崇拜，由我們差會的羅為霖牧師（L. Lloyd）主持，也有在［三一］學院舉行的中文崇拜，由辛克牧師（Sinke）負責，他非常出色。

<u>語言</u>：真的很難學，只能靠上帝恩典。

---

[5] 編按：原文為 butter。
[6] 編按：原文為 cabbage。

我的老師叫Ding Sing-Ang[7]。我每日花四至五小時學習語言,每個人都學到情緒崩潰。這使我非常疲憊,不想寫信。

我很高興能夠來到這裡。我一天比一天更愉快。

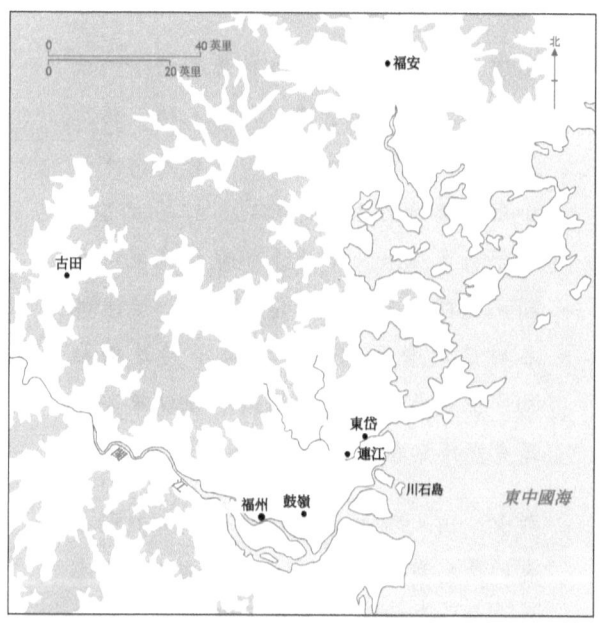

插圖 9: 福建省中心地圖

---

[7] 編按:很有可能是聖公會福建教區首任華人副主教陳永恩(Ding Ing Ong)。時為 1896 年,陳應該是二十三歲。關於陳氏,參本書序幕之腳註 1。

2 – 田溝盲童（1896-1900）

1896 年 4 月 3 日致悉尼的基督教女青年會：

我很高興來到中國，因為我開始明白這些人多麼需要耶穌⋯⋯當你來到這樣的一片土地，看到婦女若不是被關在屋裡，因纏足而痛苦不堪或病患纏身，就是在田間晝夜辛勤工作，時而提著裝滿垃圾的沉重籃子，時而在及膝的泥濘和水田裡工作。如此，你就明白異教之地與基督之地的區別——人們毫無盼望，毫無來生的喜樂，留在世上的人也毫無喜樂，因為如果逝者未曾吃飽、沒有在每年的指定日子在墳上擺紙錢或放鞭炮，在生者便要遭受陰魂的折磨⋯

我看見三個婦女和兩個男人來到一個墳前，上了香，放了紙錢，挖了坑，然後就走了，留下一個女人獨自在那裡。她站在細雨中，不住的呻吟嗚咽⋯⋯我不知道她心裡有何等悲傷，我只知道我渴望走過去，讓她認識救主⋯⋯可憐的人啊，半晌後，兩個男人去而復返，想拉她離開，但她不願離開⋯⋯從我的窗戶外望，可以看到成千上萬的墳墓。想到年復一年的哀號哭泣，想到那些已經進

入那未知世界的人⋯⋯論到他們，有一件事——審判全地者必行公義。[8]

1896 年 11 月 19 日，岳愛美在與其他兩位單身女宣教士被派到連江後，致函伊莎白：

> 過去幾週裡，我大約有一百位病人⋯對中國人來說，這是一段令人悲傷的時間。由於長期炎熱而無雨，已有數百人發燒、皮膚長出火癩，有些更死於瘟疫。不過，現在終於下雨，天氣也轉涼了。我一直有肝腫大的問題，但最近清減幾天，現在已經好很多了。希望一月可以順利通過第一次考試。

1898 年 4 月 6 日，致函格里菲斯夫人瑪嘉烈（Mrs Margaret Griffiths）。她父親是悉尼聖公會大主教史密斯牧師（Right Rev William Saumarez Smith）：

---

[8] 《貝里瑪地區監察報》（Scrutineer and Berrima District Press），1896 年 6 月 17 日，頁 2。

在1月，我們搬進了在東岱的新居。東岱的村莊距離連江市大約六英里，有二千戶人家。會議上，伍小姐（Miss Newton[9]）被任命為區域負責人，因此，我、邵小姐（Miss Searle[10]）和伍小姐三人同住。我們非常高興。離我們最近的宣教士在三十英里外……這地幅員遼闊，縱橫分別長達四十英里和三十五英里，其中有高山要攀越、有河道要溯流而上，還有很長的海岸線。

我每週〔在診所〕至少為一百六十個病人看病，有時更無奈要拒絕一些病人……我們真的需要……一個醫院和一位醫生，每週看診兩天。我們非常感恩，這裡有些婦女開始明白纏足的罪惡，其中兩位已經解開纏足，還有一些正在造鞋。[11]

---

[9] 編按：又稱「伍師姑」，全名 Sophie S. Newton，下稱「伍蘇菲」。即本書作者的姨婆。
[10] 編按：又稱「邵師姑」，全名 Minna Searle，下稱「邵敏娜」。
[11] Welch, *Amy Oxley* 似乎有誤，錯將此信的日期提前一年。

以下節錄了岳愛美的同事就東岱開荒工作的報告，當中提及岳愛美的另一位同事。

> 「人們歡歡喜喜地接待我們，」岳小姐寫道。「我們受邀參加的宴會多不勝數，以致我們不得不請他們不要再邀請我們，我們實在沒有這麼多時間。」許多訪客都興趣盎然……對於富有異國風情的差會房舍……坐落在山丘上……俯瞰村落但又交通方便。「這房子真的不錯，」邵小姐寫道。「我們每次在長途跋涉地巡迴宣教之後回到這裡，總是喜不自勝、感恩不盡。」……
>
> 東岱附近有許多村莊……一同巡迴宣教的岳小姐是一位出色的「船長」……她是「和平使者號」及其小艇「活躍號」的主人兼司令。後者是以新西蘭使徒馬斯登牧師的坐船所命名。[12]

---

[12] "A Little Australian Colony," 《鮑拉鎮自由報》（*Bowral Free Press*），1900 年 5 月 10 日，頁 4。

2 – 田溝盲童（1896-1900）

插圖 10: 岳愛美在小艇上，旁邊是和平使者號

按照慣例，當地人為岳愛美取了一個中文名字：以「岳」為姓，意指「高山」；「愛美」則是取她本名 Amy 的諧音，並分別指「愛」、「鍾愛」、「熱愛」和「美麗」或「好」。為她取中文名字，既是為了方便，也表示她得到當地人的接納。

岳愛美固然正在逐步融入當地社會，但這個中國內裡其實矛盾處處。它疆域遼闊，但大多數居民的世界卻只限於自己的村莊、鄉鎮或城市。它有四億居民，

但彼此的文化、語言卻大相逕庭。他們都被滿清帝國統治，而當今的光緒皇帝則已在位二十二年；但實際上，這些平民卻是受當地軍閥支配，而軍閥則不時反抗中央政權。身居要職的中國人大多身家豐厚，但普羅大眾卻往往一貧如洗，而且飽受天災蹂躪。他們有倫理家如孔子、外來宗教如佛教，都影響深遠，但農村鄉民卻熱衷敬拜祖先和當地神祇。

> 千百年來，中國都是自成一角的。中國絕無僅有地對西方開放，就只在絲綢之路、意大利探險家馬可李羅的旅程、和十六世紀中葉耶穌會傳教士的到訪。這種與世隔絕的狀態，隨着英屬東印度公司定意向中國人販賣鴉片而開始改變。在1840年代初，當中國人拒絕他們時，英國決定宣戰，並在短促的戰爭後，要求鉅額的賠償和五個關鍵港口的使用權，即：廈門、廣州、上海、寧波、福州。接下來的幾十年間，英國、其他歐洲列強、美國紛紛以武力取得在中國各城市通商的權利。在這些飛地以外，西方的影響力也經由火車、河道的蒸汽輪船和電報站而滲入內地。[13]

---

[13] 有關當時西方與中國的關係，見 Kerr, *Short History of*

全中國都因重大的社會問題而苦不堪言，連江地區也不例外：

- **鴉片煙癮**：引入鴉片貿易之後，中國的煙癮問題一發不可收拾，就如同現代的海洛英一樣。它使人漸漸無法工作，令本已貧窮的家庭債台高築。有時，整條村都是癮君子。[14]

- **殺嬰**：由於中國的嫁妝制度，當地人視女孩為經濟上的負累，並往往在初生時便即被遺棄。貧窮的低下階層尤其如此。這些女嬰往往被遺在公共場所或鄉郊，亦有許多是在河岸的郵筒中。嬰孩若是身有殘障，則無論性別都會面對同一命運。

- **纏足**：按照中國的習俗，婚姻往往是由媒妁包辦的。加上他們認為足踝細小的女性更具吸引力，所以在上流家族之間，往往使女孩纏足，好使她們「銷情」更佳。從四、五歲起，他們就折斷女孩腳板的主要骨骼，將腳塞進特製的蓮狀布鞋

China, 2-13, 101-11 的簡述，並詳見 Hsu, *Modern China*, 262-352。中譯版為徐中約：《中國近代史（上冊）》，（香港：中文大學出版社，2001），頁 261-358。

[14] 關於中國南部的情況，見 Lee, *Bible and the Gun*；關於鴉片貿易及其後果，見 Lovell, *Opium War*。中譯本分別為李樹熙：《聖經與槍炮：基督教與潮州社會（1860—1900）》，雷春芳譯（北京：社會科學文獻出版社，2010）；藍詩玲：《鴉片戰爭：毒品、夢想與中國建構》，潘勛譯（新北：八旗文化，2016）。

裡，使其尚待發育的骨骼永久地蹉跎。有少數受過教育或敬虔的中國人開始反對這種做法，但近半數的中國女孩都受此影響。[15]

- **缺乏教育**：女孩只需操持家務、長大後養兒育女，所以人們認為讓女孩讀書識字是浪費金錢。因此，即使興辦學校，也是為男孩而設，專業工作也幾乎是男性的專利。

在東岱的第一年，岳愛美看見了她服事的新機遇。以下是仿作岳愛美對這個新工作的描述：

> 在〔我的〕家鄉時，我若在街上遇到盲人，往往繞道而行，因為我對他們無甚興趣。現在，每當有人帶盲童到我們診所時，我的心卻深有感觸。我可以做甚麼？有一次，我詢問一個小男孩為何臉上帶傷，他說：「哦，我的叔叔打了我一巴掌，說：『別擋路，臭瞎子』」……
>
> 有一天，我去一條村，偶然發現一個無助的盲童蜷縮在田溝裡。他告訴我說，

---

[15] 在兒童圖書 Codrington, *Bring-Brother*, 39-41 中，詳細描述一位幼女如何被纏足。進深探討這個習俗的其他背景，見 Paddle, *Itinerario*, 67-82。

他父親本來要殺他,但看到我正在行近,就把他留下給我……

在連江的小教堂裡,一位婦女為她唯一的兒子向我懇求說:「他是我唯一的兒子。我是個寡婦,而他是個瞎子。求你做做好心,開他的眼,使他能看見。」唉!他的視力根本無藥可救,但這事使我刻骨銘心。失明是很可怕的。失明又生於貧窮的中國家庭,則更加可怕。我每想到他們瞎眼,看不見上帝的美麗世界、又看不見天堂的光輝時,我的惻隱之心就油然而生![16]

岳愛美知道,中國的兒童較易失明。[17] 這是因為一籃子因素,例如:缺乏維生素 A、沙眼、青光眼、先天性白內障、意外和麻疹。此外,缺乏適當的治療,

---

[16] 岳愛美曾多番記述她怎樣蒙召服事盲人,此引文及下文的幾則引文均揉合了這些記述。岳愛美的原文包括:致瑪嘉烈(Margaret Griffith)的信,1897 年 4 月 6 日,載於 Welch, *Amy Oxley*(其實應該是 1898 年);《傳道會拾穗》,1900 年 5 月 1 日,頁 36-38;《福州靈光書院》(*Soul-Lighted School of Foochow*);Wilkinson, "School for Blind Boys";和岳愛美於 1923 年後為《貝里瑪地區歷史學刊》(*Berrima District Historical Society*)寫的一篇文章。

[17] 據估計,目前亞洲約有一百萬盲童,其中 40% 在中國。見 'Public Health Issue'。

亦會使情況惡化。在較富裕的中國人之中，盲人或可成為備受尊重的算命先生、樂師或行政人員。整體而言，中國人無論是訂親、成親、葬禮、商務往來或遠行，都熱衷於尋找最好的良辰吉日。這些就成為盲人謀生的機遇，但往往只限男人。然而，在街頭賣藝的盲人樂師和賣唱者僧多粥少，於是大多數的盲人都只能行乞度日。[18]

在其他記載中，岳愛美進一步描述她怎樣回應這個挑戰。一次猛烈的颱風過後，她從連江撤離到沿海更南方的廈門港。

> 1898年9月有一場可怕的颱風，我們的廚房和下人房幾乎被摧毀了，全屋只有一個房間仍然完好⋯⋯
>
> 上帝開了一扇「門」——我受邀去廈門參觀一所盲校。英國長老會差會的禮荷蓮小姐（Miss Graham）將一位失明的蘇格蘭人曲先生（Mr Cooke）帶到廈門，要教導中國的盲人。就是他，向我介紹了英文白雷爾點字（English Braille）⋯⋯
>
> 靠賴上帝恩典，我是［第一位］將點字系統應用於福州話拼音［有部份聖經已

---

[18] Miles, Disability and Dialogue.

2 – 田溝盲童（1896-1900）　43

> 譯作福州話〕。這是一個極大的進展，而英國聖經公會已同意為我們印刷〈羅馬書〉和公禱書版本的〈詩篇〉……
>
> 回到連江後，我租了一間細小的本地屋子，是位於東岱一條骯髒的街道上，門前有一段鵝卵石路，還有幾級不太平整的台階。這裡有我的教室，八英尺長、二英尺寬，只夠放一桌、兩椅和一張長板凳。教室兩旁各有一間睡房，都是十英尺長，八英尺寬。屋外有一個棚子，用作廚房和餐廳。於是，我帶着一位老廚師，開辦了我的盲童學校……
>
> 我還清楚記得，自己坐在那間小教室裡，教導第一位男學生。[19]

這男孩名叫邵寧開[20]，他母親就是之前懇求岳愛美幫助的那位寡婦。邵寧開注定成為岳愛美事工的一位重要人物。

---

[19] 有關這些引文的詳情，見本章章節附註 16。在盲校自行刊印出版的發展史略中，岳愛美租用的地方是一個農舍，見《福州市盲校》（*Fu Zhou Shi Mang Xiao*），頁 4。至於在此之前中國的盲人事工，詳情請見 Robinson, *Amy Wilkinson*, 5-45。

[20] 編按：一說姓「肖」，但據岳愛美的一封手寫信，此子全名當為「邵寧開」。見本書插圖 11。

> 中文的書寫系統極為複雜，字數逾四千，字字不同。於是，盲人想要讀書識字，就難似登天。在1800年代中，雖然有若干聖經和宗教書籍附了壓花，但要等到1879年才有一位駐北京的傳教士引入點字。由於點字系統全靠對每個字的編號，所以學習過程極為漫長、使用時也相當複雜。於是，漸漸就發展出對應這些漢字的「字母」系統──大致按照該字的元音和子音，創造出其首碼和尾碼。岳愛美是首位將點字應用於福州話的人。在此，每個音節都需要至少兩個點字號碼才能標示。

除了開始教導盲人，岳愛美也繼續參與宣教團隊恆常的事工。

下文摘自《傳道會拾穗》（*Church Missionary Gleaner*）的一篇文章，描述了東岱事工的性質：

> 由於我們是第一批住在這個城市的「姑娘」［單身女性］，人們熱切期待來看我們的住所，每天絡繹不絕。我們相

信,我們向他們所傳的道必可在他們心中向下扎根,結出果子。

有幾個人來要了藥,發現藥效良好,就告訴親朋好友。結果,連續好幾天都有數以百計的人前來。我們每天限診八十或九十人,而且只限婦孺。每當我們走在街上或村莊裡,總會有些可憐人懇求我們為其診治,或是腳痛、或是眼疾、或是其他。有一位窮寡婦帶了她唯一的兒子來,但他是徹底失明,無可救藥。又有一人帶了他患了痲瘋的姊妹來,懇求我們幫忙。還有一天,有些男人把他們的母親從九英里外的村子背出來,這位可憐的老嫗死於癌症。

在這裡,即使只是臨時通知,但只要打開教堂的門、用小風琴彈奏幾句聖詩,也可以聚集一群聽眾——從最驕傲、身穿藍色長袍的上流人,到最骯髒的孩子,都會以小時計的乖乖聽道,任我們宣講福音⋯這些人非常願意在家中接待我們,我們收到的邀請多不勝數,甚至根本無法全數出席。[21]

---

[21] 《傳道會拾穗》,1900 年 3 月 1 日,頁 36。

1898年2月27日，致伊莎白的信（信中提及荀內莉和荀託偲的母親，她這時已是自籌費用的宣教士，受英國海外傳道會差派到福建）：

> 這星期，我和荀夫人去了仙游縣。那天真的不得了！魔鬼在路上刺激那些苦力，試圖藉此阻撓我們。結果，我徒步走了三英里。後來，椅杆又斷了，費盡努力才將它綁好。在仙游，數以百計的人聽了福音，超過十五個孩子報名入學。超過二十個病人得醫治，還有一個家庭公開地焚燒他們的偶像。我們實在非常感恩。
>
> 我們來了一位新的宣教師（catechist）。他曾經為邵小姐執教兩年，展望將會大大有助於我們和本地的人們。新的教會已經開設，女校也開始了。盲校目前有六個男生，一切順利。你的小寧開——就是曾經寫信給你、又為你造那對手鐲的男孩——他是最乖的。我現在正教他彈風琴。我真為他感恩。

1898年5月7日和11日，寄到「達理薇」給伊莎白和海瑪莉姨媽的信：

2 – 田溝盲童（1896-1900）

我親愛的伊莎白：

我剛剛應邀參加一個婚禮……我和伍小姐一起赴宴，但我們在出發前都先吃了些東西。那棟房屋不是特別豪華。甫進門就有一個房間，泥土地上放滿各樣的盆子、漁網等雜物。隔壁的房間也相似，但今天擺了兩張方桌，準備開宴……桌上約有八個裝得滿滿的茶碟，其中有兩碟魚乾、兩碟西瓜子。他們請我們入座，然後又從臥室帶新娘出來讓我們看。真可憐，她被禁止說話，而且看來確實悽慘，在頭髮上掛滿了飾品，身穿紅裙。我們看完，他們就將她轉去面壁，仍是站着。

然後，很快開飯了，其實真的不錯，但我們並不急於用餐。新娘坐在另一桌〔次席〕，完全未能進食。大約一個半小時後，就結束了。我很高興，因為長時間端坐而不說話，實在很累，而且桌下一直有四條髒兮兮的餓狗，一點也不舒服。我們來參加婚宴，因為除了新娘外，他們全都是基督徒，有三位更是受洗不久。他們邀請我們進到新娘的臥

室,我們打破慣例地談話了。新娘腳痛,想要吃藥,我便馬上派人去拿。但願今天開始的友誼能漸漸增長,變為在主裡的愛。

我最親愛的姨媽:

我一整天都在盲校……主將這事工賜給我,溫柔地一步一步帶領我,沒有以飛躍的速度嚇怕我。這是多麼美好。下一步,我要嘗試管理每月的日常開支,每個男孩應該只需花費若干金額,但我毫無頭緒。

另一位宣教士謝佑珍小姐(Miss Little)的報告,談及1898年7月1日到訪東岱:

我們本國的人或許不知道連江有多麼遼闊,但在這片廣袤的土地上,只有三位常駐的外國人,就是岳小姐、伍小姐和邵小姐⋯岳小姐是資深宣教士⋯每週看診兩次,平均每次至少有八十位病人。看診前,病人在閘門取號,並順序就診。派藥前和派藥期間都有講道。上帝透過這些藥物醫治了許多病患,靈性上也結果纍纍⋯⋯

村裡有兩所日校⋯⋯岳小姐逢週二、週

2 – 田溝盲童（1896-1900）

日的下午教婦女班，另外兩個宣教士在她巡診時負責帶這個班。上週日，岳小姐欣然看到她的十一位婦女學生在教堂受洗。[22]

東岱的這間小教堂幾乎完全由澳洲海外傳道會在新州、維州和塔斯曼尼亞州（Tasmania，下稱塔州）的支持者捐款資助。

岳愛美的信，載於1898年11月1日的《傳道會拾穗》：

> 在［福州］一間痲瘋病院，我看到有個人臉上散發一種榮光。若非上帝光照他，不可能有這樣的光彩。他臉上原應是眼睛的地方，現在只有兩個小凹處，因為他已經瞎了；他臉上還有一個小圓洞，那裡原應是他的鼻子；他的嘴唇被遠遠拉開，上下排牙齒都清晰可見。但是，我從未見過一張如此美妙的臉，臉上洋溢真正的愛、喜樂和完全的平安⋯我從未像現在這樣發現，神的恩典竟如此奇妙，祂親自的臨在竟可在人身上產生如此奇妙的變化。[23]

---

[22] 《傳道會拾穗》，1898年7月1日，頁55。
[23] 《傳道會拾穗》，1898年11月1日，頁84。

1898 年 11 月 16 日，致伊莎白的信：

> 我真希望你能看到你資助的盲童和學校的廚師。寧開……的臉蛋非常可愛，有上帝的平安在閃耀。他是一位真正的小基督徒。他四歲喪母，五歲失明，七歲喪父。我不知道他從前是如何生活，不過，他去年去了一個叫層松（Ceng Song，音譯）的地方，他叔父在那裡供應他的食用，還有……一位女傳道[24]……教導他。看到他在用餐前合掌謝飯祈禱，我深感欣慰……我從沒想過會和盲人有任何關係，但現在我真的能教導他們，而且樂在其中。

---

[24] 編按：原文為「Bible woman」。1880 年代至 1950 年代，英國海外傳道會（女部）（Zenana Mission）在福州及其他地方訓練婦女傳福音，即稱為「女傳道（Bible Women）」。關於這個群體及此詞的演變與由來，參黃慧貞（Wai Ching Angela Wong）與招璞君（Patricia P. K. Chiu）編：《聖公會敘事：基督教婦女與華人社會》（Christian Women in Chinese Society: The Anglican Story）（香港：香港大學出版社，2018）。詳見該書英文版的第三章，Zhou Yun, "The Making of Bible Women in the Fujian Zanana Mission from the 1880s to the 1950s"，特別是第 71 頁。

2 – 田溝盲童（1896-1900）　51

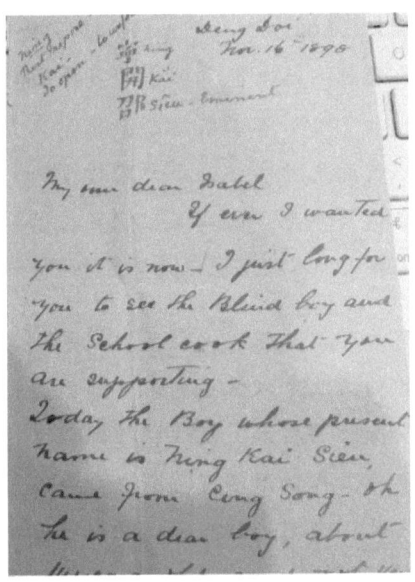

插圖 11：給伊莎白的手寫信（1898年11月16日）

1899年1月18日，致朋友瑪嘉烈的信：

> 目前，我們經歷很大的祝福。去年受洗的婦女終於開始真正明白纏足的罪惡。她們不顧痛苦和鄰居的嘲笑，紛紛解開纏足，這真是一件美事……
>
> 點字系統非常成功，我十分高興。有些男孩正開始學習針織。我正考慮寄一小包文案等物品給［英國海外傳道會］借

件展覽（Loan Exhibition），讓這裡的事工更廣為人知，而且我們確實需要代禱和資助。也許你們的一些主日學成員也可以透過代禱和奉獻來幫助這事工。我們也需要羊毛，因為男孩們正在學習針織。將來，有些將能以此謀生⋯⋯

是啊，有很多想做、渴望做的事，但眼前的功夫已令人忙不過來。我們連晚上也少有時間相聚。我往往要提醒自己，不能讓工作佔用所有時間。上帝第一。離了祂，我們能做甚麼呢？期盼再次聽到你的消息。再多兩年我就要回悉尼了，時間過得真快。

插圖 12：岳愛美、邵敏娜（左）、伍蘇菲（中）與東岱聖經班合照

2 – 田溝盲童（1896-1900）

1899年4月30日，致伊莎白的信：

> 上帝在這裡的工作何等奇妙！女校已經額滿，共有二十六位婦女。盲校也額滿了，共有十五名男生……我們現在每週為約六十位病人看診。上週我在整理簿冊時，發現我們已經登記了1195名病人。

1899年5月11日和15日，寫給伊莎白的兩封信：

> 我們美麗的新教堂快將完工，女校也將在8月完工。與去年同期相比，現在這裡的變化是多麼奇妙。當時似乎只有誤解和試煉，教堂幾乎空無一人，但現在，舊教堂全場滿座，人與人之間也有真正的愛。某次主日，有一位主教蒞臨，為五十二位信徒施行堅振禮，其中有些人是來自其他村莊。那次領聖餐的有八十四位。最近，還有幾個家庭棄絕偶像，彷彿上帝讓我親眼看到祂在動工。這真是奇妙。

> 伊莎白啊，我確實渴望更多被聖靈充滿，我日常生活有太多罪需要懺悔。有一件事經常令我跌倒：我說話太急躁了。我實在很懊惱，我知道我無論任何

情況下，都不應該這樣急躁。但這些病人往往耗盡了我的耐性。有時，我費盡心思終於洗乾淨一個傷口，它原本是潰瘍流膿又滿佈泥濘。四天後，傷口確實開始好轉，病人就不再出現。之後，他又再次回來，手上又再沾滿泥土！！！然後他就要我為他重新包紮。我實在忍無可忍，斥罵他愚蠢難耐，事後又悔疚不已。

還有，這些人常常擅自取用我們的東西，還若無其事。你試想像一下：有一家人得了白喉，父親和女兒都死了。很快地，其他進去探病的人都死了。然後，一個小男孩被感染，他母親就將瀕死的他抱到盲校，自行放在其中一張床上。盲校一眾男生正在吃晚飯，忽然聽到門外傳來一陣敲門聲。寧開去開門，但看不見是誰。廚師等人聽到咳嗽聲就去看，就發現這個男孩。所有人都嚇壞了，以為是瘟疫。我們要求小男孩的兄弟來將他帶走，然後小男孩幾乎馬上就死了。男生們馬上回來找我。我安慰了他們，燒了那孩子躺過的床單，也將床洗乾淨了，但我仍然略感不安⋯⋯但這些孩子都在天父的照管之下，我不應擔心。

> 我親愛的船長：
>
> 我對其中一位男孩朗希（Long Hie，音譯）說，我該怎麼辦，我可否在這裡過夜。他沉思半晌，就說：「我不知道你睡哪張床」。我也不知道，因為這裡人滿為患。有兩個男孩睡在另一間房子裡，但我不喜歡那房子。還有更多男孩想過來。我正在尋覓另一間房子，但附近沒有出租的。有一棟破房子放售，叫價七百元，即七十英鎊，但我希望以後能自行興建。上帝已經開始動工。祂看到並知道我們的需要，亦必按祂的時間供應我們。

1899年6月18日，巴齡古牧師致福建一眾宣教士的通函，將會對岳愛美意義非凡：

> 本人深感欣慰地向各位傳達：委員會已任命一位醫生，負責開設福州市的醫療事工。宮醫生（Wilkinson）獲劍橋大學頒授文學碩士及醫學學士，行醫十年，並曾於英格蘭醫療事工服事。如無意外，他將於10月5日與木先生（Carpenter[25]）聯袂

---
[25] 編按：有可能是聖公會的木約翰牧師（Rev. J Carpenter）。參黃仰英：《飲水思源》，頁58。

前赴福州。我等深信宮醫生的服事將是忠心不懈、建樹良多。鑑於諸君長久以來均對此事工深切冀盼，我們相信宮氏必會受各位衷誠歡迎……與此同時，祈請各位與我等同心懇切禱告，願此計劃蒙主大大使用，以於福州及全省拓展神國。

1899年10月9日，致伊莎白的信：

你問我應該為男孩們買甚麼聖誕禮物。現在也許來不及聖誕前寄到，但我想最合用的莫過於一些法蘭絨布，可以用來製成暖和的外套。這裡的一、二月相當寒冷，去年還下了雪。我也不知道需要多少碼布，但或者有些次貨和餘料，我就將之盡量縫成外套……

轉眼間，我來中國快有四年了。我是如此快樂，難以言表。你說：「我有時尋思，你怎能有心情繼續工作」。其實，對我來說並非如此……相反，我們滿心喜樂，女校終於開學，有十四位學生，而且陸續有來。

1899年11月1日，邵敏娜的報告：

在微微細雨中，岳小姐乘轎出發……我

們要去海邊的一條村,然後她將乘她的船去三、四條村,最後把船送到福州去維修。這艘船是主賜給她的,我們的事工常常都會乘坐,但其實我想她沒有得到很多資助。主保守了一眾苦力的腳不至滑跌,他們帶我們經過「美麗的風景線」,順利抵埗。在路上,我們經過一條村,那條村從未有外國婦女踏足⋯ 我們就明白甚麼是男人眼中的「奇觀」。我們覺得他們滑稽,但他們看我們一定更甚,因為他們從未見過歐洲人,連照片也未看過。[26]

插圖 13:早期男童盲校的學生

---

[26] 同上,1899 年 11 月 1 日,頁 189-90。

1900年2月16日，致伊莎白的信：

> 現在［波耳］戰爭[27]正在進行，我們希望盡量獲得那邊的消息。我沒有太多時間閱讀，但我仍想把握僅餘的一時半刻，了解世界大事。另外，我覺得宣教士的熱忱往往令他們只顧埋首自己的小角落、淹沒在為小事而憂慮，無暇多想其他⋯⋯

> 現在有十二位男孩了，在考試中全都表現很好。寧開⋯⋯現在已能將二十七首聖詩彈奏得美妙悠揚。他寫了整卷〈路加福音〉和部分〈約翰福音〉、《新約聖經繪本》，諸如此類。他⋯⋯有一個罪，就是驕傲。他個性非常正直，但常常在還未真正弄清事件就錯誤地論斷別人。但他是知錯的，我相信他也為此懇切禱告⋯⋯

> 現在房子已經住滿人，但還有另外三個男孩會來，我不知道神會怎麼安排⋯⋯

---

[27] 編按：波耳戰爭是大英帝國與南非波耳人的戰爭。簡單而言，波耳人（Boers，今稱阿非利卡人 Afrikaners）是南非境內的白人移民後裔，因故不滿大英帝國的統治和英殖民地的擴張，因而產生兩場武力反抗。岳愛美應指第二次波耳戰爭（1899-1902）。

昨晚盲校被爆竊，偷了幾件衣服和一隻鄰居的雞。可幸有人醒了，發現了小偷，只是沒能逮住他。

1900年4月30日，致伊莎白的信：

上星期，盲校遇上了大麻煩。傍晚時分，一個年輕人和幾個婦女來敲門。寧開開了門，被拖出去用竹竿打了一頓。當時吵翻了天，我花了很久才能了解情況。後來，這事原應已圓滿解決，而我則去了另一條村……我不在的時候，那些［盲眼的］男孩又再回去打寧開。唉！我又再費了很大的勁才再次解決事情。

再有兩位男孩想領洗，其中一位讓我深感欣慰。我想，他是真正信主了。現在有十七位男孩，我們確實需要你們的代禱。

1900年5月16日，一份地區報紙的報導：

要每個盲童都真正投入工作，殊不容易。每一天，他們應該一半時間學習手藝，一半時間讀書識字［點字］。我讓他們學習編織墊子、繩索、布匹和草鞋。[28]

---

[28] 《鮑拉鎮自由報》，1900年5月16日。

在岳愛美第一次安息休假前,中國發生劇變。中國北部爆發了所謂的義和團運動。幾年前,齋教徒在華山襲擊宣教士,此後中國社會迸發一連串反西方運動,最後產生現在這場義和團運動。這場起義的宗旨有三:推翻清朝,攻擊外國勢力和宗教,將所有外國人殺死或至少驅逐出境。1900年初,暴徒襲擊了佈道站,殺了幾位宣教士,還將數以千計的中國信徒剝皮、砍殺或燒死。後來,慈禧太后宣佈支持義和團,有如火上澆油。在中國軍隊的支援下,三十多萬拳民在北京將逾千名西人和三千名中國基督徒重重圍困,長達五十五日。[29]

6月下旬,連江一帶暫時風平浪靜,但福建總督[30]和英國領事仍下令所有身處內地的宣教士撤回福州。7月1日,北京下詔驅逐所有外國人、迫害本地基督徒。福建省各地紛紛傳來消息,有資產被搶掠,有人被毆打,還有一個人被殺。幾天後,開始有人擔心舊城的抗議隊伍會橫渡閩江,打到南台島租界,幸好大雨淹

---

[29] Preston, *Boxer Rebellion*. 中譯本為普雷斯頓:《義和團》,周怡伶譯(新北:光現出版,2019)。
[30] 編按:照清朝體制,應為閩浙總督,時任為許應騤。

沒了通往大橋的道路。[31]

澳洲人翹首等候，想知道「澳洲宣教士在中國命懸一線」的後續新聞，緊張地看着岳愛美等人在福建的照片。那邊廂，英國駐福州領事在 7 月 23 日成功確保了他們的安全。兩週後，兩萬餘人的國際聯軍終於抵達北京的外國使館區。及至 8 月 14 日，圍困就已結束。據後來的估計，拳民殺死了二百四十多名宣教士，其中四分之三是新教徒；又殺了約八千名中國基督徒，大多為天主教徒。

在這期間，岳愛美忙於整理手上的工作，以準備安息休假。雖然有人替代她在診所的崗位，但沒有人能夠接續她盲校的工作，所以盲校只能在 1900 年下半年關閉。於是，她還需另外安置學生的住宿，亦即又再需要籌措一筆資金。這使她焦慮不已，輾轉難眠。[32] 同時，她已經開始規劃下一階段的工作。

1900 年 5 月 16 日，岳愛美致伊莎白的最後一封信：

> 我決定休假回來後，全時間投入盲人事工。若有人資助，就在福州興建學校。這新校要足以容納一百位男童，並附帶

---

[31] 關於在福建的各個事件，見司徒友仁（Stock）的作品 *Christ and Fuh-kien*, 37。

[32] 在 1899 年 5 月 26 日、10 月 9 日和 1900 年 2 月 16 日致伊莎白的信中，岳愛美更籠統地提及她的疲憊。

我和同工居住的宿舍。有一位已婚的宣教士已承諾可以鼎力相助。我會為這事工撰寫報告，寄給親友，請他們協助集資建校、支持一眾男孩的經費。同時，請你們為我們代禱，求神引領我們一切的計劃，並使每個細節都能使祂得榮耀。

3
滿心雀躍（1901-1906）

在乘船回悉尼休假的旅途上，岳愛美漸漸開始放鬆下來。畢竟，她已在中國密鑼緊鼓地服事六年之久。當她嘗試重新適應澳洲的生活時，才逐漸發現自己的改變有多大。用今天的詞彙，就是「文化衝擊」。她大受打擊。儘管她定期給家人寫信，但她驚訝地發現，連家人也無法完全理解她的經歷。在婚禮和聖誕節等大型場合中，尤其如此。[1] 在代表宣教團隊演說時，她發現教會對宣教士平日面對的挑戰缺乏興趣，只愛聽「異國故事」，特別是與義和團有關的故事。此外，她也想念她的同事和中國朋友。

1901 年元旦，澳洲聯邦（Federation of Australia）正式成立，六個英屬自治領地從此組成一個聯合政體（Commonwealth）。休假剛到一半的岳愛美，也參

---

[1]《坎伯蘭阿古斯報》（*Cumberland Argus*），1900 年 7 月 28 日，頁 4。

加了立國的慶祝活動。然而，聯邦政府同日公布了白澳政策，優待盎格魯．凱爾特裔和歐洲裔的移民、為難「非白人」的移民，勒令新移民必須接受聽寫測驗，從而令華人、日本人、南太平洋島民都極難融入。由此可見，澳洲人對亞洲人的印象相當惡劣，對華人尤其厭惡。在他們眼中，華人就是怪病纏身、性變態、嗜賭成性。而且，由於中國在地理上相對接近又人口眾多，就份外感到恐懼。[2] 其實這些想法並非全民皆有，但也相當普遍。於是，岳愛美一有機會就會分享中國人民及其文化的有趣之處。

對她來說，澳洲人的排外傾向與中國義和團對西方人的敵視如出一轍。因此，她更意識到人們怎樣輕易受那些與基督信仰無關的主流輿論影響，並假設西方價值在生活的各個領域都是優勝的。宣教士與旁人一樣，很容易落入這種陷阱。[3] 然而，一般來說，宣教士都明白到，文化的某些範疇是相對的，例如飲食、衣着和社交的方式。他們亦對某些西方政策抱持批判的態度，例如鴉片貿易和種種純粹牟利的行逕。無論

---

[2] 關於澳洲在這段時期對亞洲的觀點及應對之道，有 Walker, *Anxious Nation* 殿堂級的研究（中譯本為沃克：《澳大利亞與亞洲》，張勇先等譯（北京：中國人民大學出版社，2009）），和最新的 Macklin, *Dragon and Kangaroo*。

[3] 關於宣教士在這議題的表現，見 Bays, *Christianity in China*, 71（中譯本為裴士丹：《新編基督教在華傳教史》，頁 93-94。）。

如何，宣教士由於往往與窮鄉僻壤的中國人一同生活、並肩工作，因而更能敏銳分辨真正的要事和次要的文化差異。不過，岳愛美在休假期間的首要宗旨，是分享中國宣教工作的龐大需要。她穿梭於新州各地的教會、學校、會堂、基督教女青年會會議、家庭聚會等等，馬不停蹄地分享，而且常常見報。

> 岳小姐身穿中國服飾，並展示若干中國的奇珍異物和照片。她描述了中國的生活日常和當地的宣教工作，又解說了盲童和棄兒的救援工作。她的分享生動有趣、發人深省……為盲童建屋的籌款卡片全都……一掃而光。[4]

> 其中最有趣的一場分享……論及宣教工作的三個面貌——教育、佈道和醫療。雖然有時障礙重重、難若登天，但岳小姐自言仍醉心於此。她又解釋，其中最困難的就是學習語言，因為往往差之毫釐、謬以千里……傍晚時分，〔她〕展示了若干偶像。她又向與會者展示其他奇珍異物（包括中國婦女穿的細小鞋

---

[4] 《康登新聞報》(*Camden News*)，1901 年 8 月 8 日，頁 8。

子），以及宣教士所辦的不同學校的相片……是夜還播放了一些音樂,又籌募款項。岳小姐的演說準備充足、引人入勝,而且誠摯質樸。[5]

是次會議由拾穗者工會協辦。該會在場的會員似乎對岳小姐在中國宣教的經歷興趣盎然……是夜的分享中,以她講論如何致力在中國興辦教育和扶助盲人時,最為耐人尋味。[6]

在岳愛美休假期間,若要數最感人的文學作品,便應是亞林頓牧師(W. H. H. Yarrington)的詩作。他也是一位律師、學者和著名的詩人。[7] 他在聽了岳愛美的一次公開講學後,就寫了《中國盲童》(*The Blind Chinese Boy*)一詩。正如同期流行的詩作一樣,這首詩頗為煽情。然而,箇中的確捕捉了岳愛美在中國的所見所聞。

我是孤獨的中國男孩:

---

[5] 《坎伯蘭阿古斯報》,1901年2月6日,頁2。
[6] 《坎伯蘭阿古斯報》,1901年2月13日,頁2。
[7] Yarrington, "Blind Chinese Boy." 亞林頓牧師的名作,是為悉尼大學大禮堂(Great Hall)的揭幕所賦的獲獎長詩 "Cook's Meditating on Australia's Future"。後來,悉尼市庫克船長紀念碑揭幕時,也誦讀此詩。

沒有快樂,亦無欣喜,
只有無盡悲慘和痛苦
我哭號、我飲泣,盡皆徒勞,
我孑然一身——無人關愛,無人理會
我的悲傷,無人分擔
我的重負,無人慰藉,
更無人憐恤我童年悽苦。

……雙目失明,是我最大的悲哀:
從未得見光明之愉悅,
也未得窺世界之美好,
聞說世間美態萬千,曼妙無邊——
鮮花絢麗、綠樹林蔭,教人賞心悅目,
還有青翠的葉,在微風中颯颯作響;
我無從看見那照耀我身的
慈愛之光。

……這是甚麼聲音——是溫言愛語?
是鳥兒的歌聲?
是甚麼音色,竟如此甜美?
一隻溫柔的手,輕柔又溫厚,
撫摸我黝黑又失明的眼皮;
彷彿能使我重見光明!
我情不自禁,潸然淚下
一種前所未有的感覺油然而生——

……他們說,我雖然眼不能見

但仍有喜樂可盼:

終有一天,藉着神深恩厚愛

我將開眼,得見祂臉

祂是耶穌基督,親愛救主

祂在此飽歷滄桑,受盡苦痛

……我的苦痛都將過去

我終將與祂同在,直到永遠!

　　岳愛美休假之旅的一大亮點,就是在「達理薇」與表妹和姨媽敘舊。由於她們向來非常關注海外宣教,因而能深入地明白岳愛美在中國的經歷,亦更懂得欣賞她從福州帶回來的禮物:刻有漢字的純銀製開信刀、刺繡精美的茶巾、還有纏足用的小蓮花鞋。和她們相聚的時光,岳愛美不必再「做」宣教士;她可以做回自己,談論她經歷的高潮和低谷。在吉朗的幾個星期,岳愛美休養生息,重整旗鼓,準備好重返中國。

———

　　岳愛美在澳洲逗留了一年多。1901 年 10 月 19 日,悉尼的聖安德烈座堂舉行了差遣禮。[8] 翌日,她就乘

---

[8] 《布里斯本郵報》(*Brisbane Courier*),1901 年 10 月 21 日,頁 5。

坐東方號前往福州，同行的還有同為海外傳道會宣教士的邵敏娜，和幾位來自新西蘭的中國內地會新丁。旅途中，她思索前路。在起行前不久，岳愛美獲知自己除了盲童事工之外，還將接替北門附近診所的護士長，因為護士長要休假了。[9] 這項安排背後有一個共識與前提，就是東岱的十七位盲童能在附近住下來。[10] 她熱切期待，而且十分感恩，因為她在休假期間已籌到足夠的資金來建造新的盲校。

與此同時，診所終於有了第一位全職醫生，是來自英格蘭的宮維賢醫生（George Wilkinson）。這時，岳愛美還未知道他將會成為她生命的重要一員。宮維賢於1901年初抵達工場。此前，福建只有一位英國海外傳道會的醫療宣教士，就是雷騰醫生（van Someren Taylor）。雷騰往往周遊福建全省以傳道治病，實在需要一位同事長駐福州城。宮維賢一到埗就病倒了，不久又得知父親去世的消息，之後再花了不少時間學習當地語言，然後才真正主理診所，並計劃將之轉型，成為福州舊城的全科醫院。宮維賢的家人以養牛為業，住在林肯郡（Lincoln），而宮氏本人則成長於鄰近的

---

[9] 澳洲海外傳道會新南威爾斯分會第77屆年報（1902），頁13。

[10] 見前註引述岳愛美為貝里瑪歷史學會（Berrima Historical Society）所寫的文章，引用於 Welch, *Amy Oxley*。編按：即第二章註腳16所引文章。

村莊「斯多頓．利．斯迪埔」(Sturton-le-Steeple)。該村最廣為人知的,是因為約翰．羅賓遜(John Robinson)在此出生。在十六世紀,乘五月花號前往北美的「朝聖父老」(Pilgrim Fathers),就是以他為領袖。

插圖 14:宮維賢(第二排右二),攝於劍橋

中學畢業後,宮維賢獲劍橋大學以馬內利學院取錄,一心習醫,並於 1885 年秋季入學。就在他入學的幾個月前,該校幾位畢業生作出了驚天的舉動,迅即登上全國的報紙頭條。原來,在劍橋大學的復興浪潮下,這些天資優異的年輕人決定投身於中國宣教,舉國的精英知識份子皆大為震驚。在所謂的「劍橋七傑」中,最有名的是施達德(C. T. Studd),他是全國最出色的板球運動員,剛剛才參加了第一屆板球灰

燼杯比賽，對手是澳洲。[11] 宮維賢被他們的故事吸引，開始出席劍橋院際基督徒聯會（Cambridge Inter-Collegiate Christian Union, CICCU）的週間聚會，並在週日到聖公會聖三一堂崇拜。當時，學生主要參加聖三一堂。在第一學年結束時，他和其他 CICCU 成員一起參加了湖區的開西大會，聽了戴德生醫生的演講。戴醫生創辦的中國內地會，正是劍橋七傑效力的差會。由此，宮維賢對海外宣教的興趣越加濃厚，亦不排除到中國宣教。[12] 然而，他父母對此極為失望，因為他們原本期望他在本國執業。

1888 年，宮維賢文學學士畢業後，開始在倫敦的博爾頓醫院（Bolton Infirmary）實習，服務倫敦內城的窮人。接下來的幾年，他努力不懈，1891 年考獲倫敦藥劑師學會執照（Social Apothecary Licentiate in London），翌年獲頒內外全科醫學士（Bachelor of Medicine and Surgery），1893 年獲頒文學碩士。之後，他迅即成為米德爾塞克斯醫院（Middlesex Hospital）的駐院外科醫生，再成為伊斯靈頓醫療團（Islington Medical Mission）的總監，為相對貧窮的倫敦東區服務。

---

[11] 見 Grubb, *C. T. Studd*。關於劍橋七傑，見 Pollock, *Cambridge Seven*。中譯本為蒲樂克：《劍橋七傑》，饒孝榛譯（校園書房，1975）。

[12] 有關該運動的信仰情操及其對宣教的影響，見 Banks, "Keswick Movement," *Lucas*, March 2017, 48-72。

他到中國宣教的呼召日漸明確，而這些職位亦成為很好的預備。1899 年 2 月 7 日，他向英國海外傳道會提出申請，就被派往福州。該會在伊斯靈頓亦有一所訓練學院，於是他便在出發前的幾個月，去修讀了一些神學和跨文化科目。

岳愛美於 1901 年 11 月尾返抵福州，並迅即在南台島租了一棟樓，作為盲校的臨時校址，並安排十七名盲童由連江遷移過來。可惜，其中兩名盲童意外地去世，而她亦一直找不到合適的盲人教師來協理校務。面對重重挑戰，她寫道：「我對這些工作一無所知，實在不知道上帝為何如此差遣我。若是由我自己選擇，我絕不會選擇投身這事。但我絕對肯定這是祂的差遣，我真希望帶着喜樂的心去做。」[13] 不過，她成功在華林坊找到一個更寬敞的出租樓，也離診所更近，她亦因而受到鼓舞。

每逢炎夏，福州都很容易發生瘟疫。這年夏天，先是爆發了霍亂，然後再爆發流行病。在最高峰的時候，甚至在一天之內有一千三百具棺材要運出城外。宮醫生、岳愛美和中國護理團隊都忙得不可開交。眼見醫療設施承受龐大的壓力，宮維賢決定提前開設一個小型男病房、增設一個女病房、並設置一個手術室。

---

[13] 見澳洲海外傳道會新南威爾斯分會年報（1902），頁 12-13 及（1903），頁 11。

宮維賢還讓他的建築工人幫助岳愛美，在醫院和舊城北牆之間新購的土地上，興建新的盲校。岳愛美希望學校的建築是中式而非西式，又堅持要有一個迷人的、弧形的、寶塔式的屋簷。整個校舍的設計，是讓盲童可以在此生活、學習和工作。她還聘用了一位委身服事、有照顧兒童的經驗的信徒，作為女舍監。

　　這些年來，岳愛美服事盲人的時候，腦海一直浮現一個畫面：在天堂裡，一切都全然恢復，一切哭泣、疾病和痛苦都不復存在。她時常與盲童談及這事。來到新校，她選擇將之命名為「靈光書院」——意思是「光照靈魂之校」（The Soul-Lighted School）。[14] 學校正門上方，以英文刻着「他們必見祂的面」——語出啟示錄二十二章 4 節，經文接續說：「他的名字必寫在他們的額上」。[15]

　　岳愛美就像同期的許多單身女宣教士一樣，全神貫注於她的呼召，絲毫沒有想過自己會結婚。而且，這省份的男宣教士本就屈指可數，其中大部份還都是

---

[14] 致瑪嘉烈的信（1902 年 1 月 18 日）。
[15] 見 Roberts, *Photography in China*, 48-50 的相片和文字。

已婚,機會就更渺茫了。[16] 綜觀岳愛美過去的書信,都完全沒有任何談戀愛的蛛絲馬跡,因此我們可以估計她在這方面大概不太有經驗。而且,她對工作全情投入、毫無保留,若還有任何潛在的追求者,也可能覺得她過於強勢。然而,正如岳愛美在翌年給伊沙白的私人書信所示,由於她在公事上與宮維賢緊密合作,兩人的關係也漸漸滋長。

> 今天,我在醫院裡疲於奔命,要照顧門診和住院的病人,傍晚還要忙於處理一個七個月大的嬰兒,他患了支氣管炎。我真的不知道要怎樣兼顧學校和醫院的工作。宮醫生當然會來為嚴重的病患診症,但執行醫囑的還是我啊。
>
> 醫院和盲校合共有九個受薪員工,我實在分身不暇,難以抽空寫信……雖然工作如此繁重,但我在這裡的確非常開心,前所未有的開心。我附上宮醫生房子的相片,你可以看到飄窗和屋頂的樣子。與我們當初計劃的樣式很相似。

---

[16] 正如澳洲海外傳道會年報(1899年),頁372-76所述,及至1890年代中期,該省人口達兩千萬,仍只有十六位聖公宗宣教士。

親愛的姨媽,我現在有一件極度重要的事情要告訴你:我已經和宮維賢醫生訂婚了。這六個月以來,我們因醫院的工作朝夕相處,我日漸發現他真是一位真誠而良善的人。作為基督徒,他體貼入微;作為宣教士,他全然委身;作為醫生,他聰穎過人。神的計劃和旨意是多麼奇妙,我只需搬到隔壁。我想我已寄了那屋子的相片給你⋯⋯我當時還沒有想過自己會住進去。他會幫我管理盲校,而我相信我可以支持他的醫療工作。哦,我非常開心,我覺得母親和海伊莎姨媽也會非常開心。他不是享負盛名的宣教士,也沒有私人資產。他父親已經去世,他母親、姐妹和幾個兄弟都在英格蘭,但他們都不理解他。你為我代禱時,也請為他代禱。希望你有一天能認識他。他每兩週的讀經班對我們多麼有幫助⋯⋯我還有超級多事情想告訴你,但我要寫信交代的人實在有許多。

我想,婚禮應該會在十月中旬舉行。也沒有甚麼好等的,因為只需搬到隔壁。這幾個月來,我們一直並肩工作,也希望能繼續下去。你可能會想知道我對

於嫁妝有甚麼打算。我不打算預備嫁妝，但我正在給海伊莎姨媽寫信，講幾件必須買的東西。一是婚紗。我想穿白色波斯長裙……他們說，我必須邀請所有的宣教士朋友，但我不想辦得那麼隆重……他多麼良善，多麼真誠。[17]

她又再寫信道：

我越認識維賢，就越發現我是多麼幸運。他對我在這裡的朋友非常好，非常體貼，又視友誼是非常神聖之事……不，維賢沒有鉅額的銀行存款，也沒有顯赫悠遠的家譜，但他真誠又善良，上帝用祂自己的慈繩愛索把我們牢牢的繫在一起……

我現在在鼓嶺，但只在這裡住一個星期，然後要去找邵敏娜。我已經一個星期沒有見到維賢了，他本來今早要上來的，但他卻只寄來了一封信。他說要等到星期四，說覺得自己現在離開崗位的話，於心有愧，所以我們要耐心等待。

---

[17] 致伊莎白的信（1901年12月27日、1902年3月5日、5月3日與5月8日）。

> 我寧願把上帝和事奉放在第一位，我很高興他也這樣，因為我知道他其實很渴望上來。
>
> 被一個好人所愛，我覺得你能理解這種感受……我知道我為這事禱告了好幾個星期，但我完全相信這是出於主。祂把我帶到福州城，帶我到這個可以好好認識宮醫生的地方……我若不是每天都看到他如此忠心服事，如此真誠地關心人，好為基督贏得人群，我也斷不會關注他……上次寄給你的照片不太好，我們這裡很難拍到好的照片。他剃了鬍子，看來年輕多了。他36歲，我35歲，正好。

最後，婚禮定於10月1日上午11時，假座南台島的聖約翰堂舉行，由胡約翰會吏長（Wolfe）和馬丁牧師（Martin）主禮。翌日，在胡家吃了早餐，這對新人就乘坐着船屋去古田度蜜月。

> 距離婚禮還有三個星期。我現正在［南台］島上，視察我婚紗的製作情況。我大概非常愚蠢，但我情難自禁，不住想到當父親還在世時，一眾女孩［她的姐妹們］的婚禮和嫁妝。我僅有的幾樣東

西都是我自己弄來的，我還要賣掉我最愛的船，將收益用來支付海伊莎姨媽在悉尼買東西的開銷……［以下內容請勿外洩：我真的很失望……她是個可愛的老傢伙，但真沒有品味。橙花球是普通的花束，黑色長裙是荷葉邊的厚帆布，只適合給母親穿。在福州，宣教士有時會相約在晚上和聖誕節時外出用餐……可以穿一件合適的連衣裙……但不是又厚又老套的帆布裙！還有浴袍。我要一件法蘭絨的，她卻送來一件和她一樣的，還要是嚇人的紅色緞布，領口還有粗大的花邊。天啊，然後，光這些東西，加上修女式頭紗和背心等等，就要花十一英鎊……實在太昂貴了……我以為我對嫁妝沒有任何要求，但我仍想要幾件新的內衣。我們將會擠在船中，逆流而上，若讓男士看到我的貼身衣物，會頗為別扭，但他很可愛，對一切都很寬容，他能理解的。胡夫人很好，她會邀請宣教士，並預備婚禮後的茶點和蛋糕。屆時，當然會八十多人。我們差會的宣教士大多都在內地，但我和所有美國人都很友好，他們似乎已下定決心，

無論有沒有請柬都會來。兩位伴娘是邵敏娜和巴瑪塔（Marta Barr），她們將佩戴白色和毛茛的絲帶。[18]

插圖 15：南台島聖約翰堂，岳愛美與宮維賢結婚之地

岳愛美和宮維賢的蜜月之旅，首先到川石島，然後乘轎行經二百五十英里，由古田一直東進，沿途視察各個內陸醫療站，最後在東岱與岳愛美從前的同事相聚。踏進婚姻，不但改變了岳愛美的個人身份，亦改變了她在差會的位置。當時，女宣教士結婚後便須正式請辭，只是因差會表示「仍對她的事工非常有興

---

[18] 致伊沙白的信（1902 年 7 月 11 日和 8 月 3 日）；致瑪嘉烈的信（1902 年 8 月 3 日）；致伊沙白的信（1902 年 8 月 27 日）。

趣」，才繼續將她的報告載於期刊中。[19] 然而，宮維賢一直都視岳愛美為宣教夥伴。對她而言，其中一個好處是今後不需再徵詢差會的意見，可以自行決定做甚麼事工。等到護士長休假回來後，岳愛美就可以再次全心投入盲校的工作，並隨時隨地、隨心所欲的安排行程。不過，在公開場合，大家不再以她的名或本姓來稱呼她，只稱她為宮夫人，這令她久久未能適應。

蜜月歸來後，岳愛美和宮維賢便參與籌備醫院和盲校新校舍的開幕日。開幕日定於 1902 年 12 月 1 日，是星期一；受邀的嘉賓包括中國總督[20]和英國領事等當地要員、各差會的代表、海外傳道會的同事及當地信徒、其他醫院的職員、和盲校的師生。那天的鞭炮表演相當震撼。對華人而言，鞭炮往往表示有重大的事情。當日還有呈獻禮，由來自香港的霍約瑟主教（Bishop Hoare）、胡約翰會吏長（Archdeacon Wolfe）和宮維賢三人致辭，將新院和新校獻為主用。是日的音樂，全由盲校負責。

---

[19] George Wilkinson, Extracts from Annual Reports 1902–1908, CMS, 6 December 1902, 621.
[20] 編按：按清朝體制，應是閩浙總督許應騤。

有了新校舍，岳愛美推行盲人教育的理想便可再進一步。上次休假期間，她參觀了悉尼盲人工業協會（Sydney Industrial Blind Institution），並因該會堅持全人發展、協助盲人自力更生而大開眼界。該會亦即今天的皇家盲人協會(Royal Blind Society)。一直以來，岳愛美都只是憑直覺摸索盲童事工的發展方向，並無清晰的路線圖。如今，她參照該會的座右銘「透過工業教人獨立」，終於明確地知道自己的目標和範例。[21] 她以形象生動的中文表達，就是讓盲童可以「以手養口」。於是，岳愛美視盲校為一個安全的環境，為學生提供具體的職業培訓，協助他們投入職場，從而培育他們成為面面俱到、自立自足的成年人。對她而言，這也攸關盲童作為按上帝形象被造的身份，發展他們的屬靈生命和品格，並在上帝所造的世界裡，確立他們的生存意義。

岳愛美將學校分為幼稚園、初小部和高小部。在幼稚園，活動以遊戲為主；在初小，教導國語、珠算、唱歌和基督信仰；在高小，再加上歷史、地理、英語、寫作和音樂。[22] 正如在許多華人師生關係一樣，盲校

---

[21] 在該機構後來的通訊中，有一篇附插圖的文章稱岳愛美為「著名的悉尼女孩」，明確地認可她的盲校工作，祝願「一切順利」，並充份相信這工作「必將獲得本國慈善團體的踴躍支持」。《悉尼盲人工業協會通訊》（*The Sydney Industrial Blind Institution Newsletter*），1905年11月18日，頁6。

[22] 《福州市盲校》，頁5。

的師生之間既有尊重、亦融洽像一家人。岳愛美堅持讓學生稱她為「師姑」而非「校長」，令學生倍感親切。

上午，他們用心上課；下午的活動則是各種工作和遊戲。

> 今天下午，我坐下來觀察了一會兒。有個男孩正在用竹造雞籠，他飛快地梭織，令我驚歎不已。兩個男孩在造竹簾，其中一個一直唱着聖詩。三個男孩在編製粗繩，他們各司其職，通力合作。三個男孩在造籃子的蓋子，我聽到他們喋喋不休。有個男孩在編細繩。七個幼小的男孩在編合股線，［一個］六歲的忽然唱：「聽啊！天使高聲唱」，唱得非常標準，我多麼驚訝！有個男孩在劈竹，另一個則到處奔跑——我叫他「小流星」，因為想讓他安靜坐下五分鐘都很困難。然後，我經過教室，很快便聽到嗡嗡聲，我知道，沒有一個人在浪費時間。[23]

岳愛美認為，遊戲有助發展動作技能。按中國的傳統，兒童往往被大人束縛，以免他們誤傷自身。現在，學校遊樂場成為了一個寬闊而安全的區域，可以玩蹺

---

[23] 摘自後來的英國海外傳道會新南威爾士分會年報，1904 年 5 月，頁 6。

蹺板、拔河、唱歌跳舞、高低杠、旗操、賽跑等集體遊戲。在自由時間，男孩也可以隨意嬉戲。各式遊戲都用以訓練學生建立良好姿態、動作更靈活、互相合作和自信心。

插圖 16：正在使用運動器材的學生

插圖 17：年紀較大的學生在醫院幫忙

盲人雙目失明後，其他感官往往變得特別靈敏，尤其是聽覺。而且，中國傳統亦向來都有盲人成為樂師，周遊四方賣藝維生。因此，盲校在策略上就非常重視音樂教育，岳愛美亦盡量教學生唱歌、讀譜、彈奏手風琴或風琴等鍵盤樂器。有時，她也會以口琴為合唱團伴奏。她本國的親友知道她素來擅於吹奏高音哨笛，因此，當他們「在澳洲海外傳道會的刊物上，刊登了盲校男童以鼓和哨笛組成樂隊，他們毫不驚訝」。[24]

　　岳愛美回想早年當實習老師的經驗，發現可以讓盲校的高年級生幫助新生學習點字——不但要教他們閱讀，也幫助他們體驗所讀的東西。此外，高年級生還可以幫助其他師弟改善各種工作和遊戲的技能。一些較年長的男孩甚至開始在隔壁醫院牧養病人。

　　岳愛美的首位學生邵寧開就是其中的佼佼者。他偶爾會行差踏錯（其中最嚴重的是試食鴉片），但無論是在學業、志業和屬靈上，他都不斷進步。他協助將新約大部分內容譯為點字，之後又在 1903 年成為「宣教士」老師，開始在其中一個內陸城市開展盲人事工

---

[24] 她被稱為宮夫人（Mrs. Wilkinson）。在這次報導中，岳愛美仍被視為官方代表，實屬罕見。引述於 Extracts from Annual Reports, 1902-1906, CMS, 553。

（岳愛美也有份協助將該市的方言譯為點字）。一直以來，邵寧開的支出都是由岳愛美的表妹伊莎白資助，但他開始受薪服事後，就不再需要海外的資助。這也活現了盲校的宗旨：讓學生能自力更生。兩年後，盲童女校在南台島開辦，並由來自塔州的史艾莉（Emilie Stevens）擔任校長。岳愛美親自教史艾莉學習點字，邵寧開也從旁協助。[25]

在這期間，宮氏伉儷除了偶爾生病，還遭遇一次嚴重的挫折。1903年夏天，岳愛美寫信給遠在英格蘭的朋友瑪嘉烈。

> 我漸漸好了，但明顯感覺炎熱。今年似乎比往常更熱。幾週前，我摔了一跤，不幸流產了。但感恩是我已經大致恢復。在鼓嶺再休養一會，想必能恢復元氣。[26]

整體而言，岳愛美深感欣慰，因為自願接受洗禮和堅信禮的學生越來越多。在中華文化中，要這樣公開認信，殊不容易，因為受洗往往被視為拋棄家庭與

---

[25] Stevens 的報導，載於《破曉》（*Daybreak*），1907年4月號，頁25。有關這所女校，見 "The Blind Girl's School, Nantai, Foochow," 載於《印度婦女及中國女兒》（*India's Women and China's Daughters*），1905年9月1日，頁196-97。

[26] Welch, *Amy Oxley*, 1903年6月5日。

傳統。此外，盲校的收生人數也穩定增加——1901年十六人，1902年三十五人，1903年四十一人，1904年四十七人，直到1905年五十五人。她早年的夢想是學校至少有五十名學生，如今已夢想成真。

在這些年間，醫院事工也穩步增長。就醫療而論，門診部在擴張後門庭若市，長期住院的病人也有更多空間。宮維賢認為自己應兼顧教學與執業，於是開設了一個宿舍，收了三個醫科生。他招募了一位姓陳的中國醫生為助手[27]，再在同市的另一處增設一個診所。然後，他鴻圖大展，開辦一間有五十張床位的男士醫院，並於1904年中旬奠基，翌年完工。於是，他首次真正地接觸高級官員和商界人士。及至1905年，醫院已有十一個普通病房，四大七小；門診病人增加到一萬人次，其中不少是遠道而來的。[28]

---

[27] 編按：英文原版中的姓氏為Ding，查當年閩粵一帶或會將「陳」讀作Ding，又查柴井醫院當年的確有醫生名為「陳兆芳」。故推測這位是陳兆芳醫生。參黃仰英：《飲水思源》，頁75，及本書序幕註腳1。

[28] 這些資料記載在宮氏和鮑德溫（Baldwin）的報告中。Extracts from Annual Reports, 1902–1903, CMS, 1905, 頁數不詳。

對宮維賢來說，醫院事工的屬靈層面同等重要。他逢週一舉行半小時的簡短聚會，往往由他親自分享；逢週五晚上有聖餐崇拜。在這些聚會中，都有醫護職員和受過訓練的女傳道[29]負責分享信仰，並向病人分發福音小冊子或其他基督教刊物。有些病人在住院期間或出院後，決定放棄他們家中的神明，公開宣認新信仰，並請求受洗。

在這段時間，宮維賢和岳愛美各自繁忙，甚至無暇二人單獨相處。因此，他們決定在鼓嶺租一間度假屋。他們在牛堡路（Ox Fort Road, 意譯）找到一間屋子，一有機會就逃過去。然而，即使在那裡，宮維賢有時也會被緊急召回城中。他們二人亦把握機會，安排行程時一同前往鄰近地區，製造更多相處的時間。

1905年4月7日，岳愛美和宮維賢的女兒在柴井醫院出生，二人欣喜若狂。他們以兩個對岳愛美來說極為重要的名字來為她命名——她親愛的表妹伊莎白，和岳家的姓氏。[30] 宮依尊的身體一直不太好，時常難以入睡。即使在蹣跚學步時，仍是瘦小而多病，經常需要中國阿嬤（保姆）或父母的安撫。她出生後不久，差會的支持者就讀到以下的消息，百感交雜。

---

[29] 編按：受訓佈道的婦女。參第二章註腳24。
[30] 編按：女兒英文全名為 Isabel Oxley Wilkinson。為配合行文，取「伊莎白」和「岳」姓的諧音，譯作「宮依尊」。

> 大喜：大悲：去年，宮維賢醫生和夫人經歷了巨大的拯救——幼女初生，後來患病幾乎致死⋯然後，不久，嬌兒失而復得，喜不勝收⋯⋯出於偉大而慈愛的全能之父的手中。[31]

宮依蕚到底是食物敏感、氣候敏感、或是其他更嚴重的事故，我們不得而知。對宮維賢來說，這場神秘的病令他更想在下次回英格蘭休假時，深入研究熱帶醫藥和衛生。

插圖 18：盲校及醫院（1905年）

---

[31] 英國海外傳道會新南威爾士分會年報 1905–1906, 頁 6; 及 1906–1907, 頁 9。

與此同時，有另一個醫療上的挑戰令宮維賢費盡心神：鴉片煙癮。多年來，偶爾也有婦女來訪，問可以如何說服丈夫戒毒。她們先是到診所，然後又去醫院。有時，亦有零星的煙民來就診，希望從毒癮中得到解脫。然而，與整體的煙癮問題相比，這些都只是滄海一粟。在1905年尾，宮維賢開始測試一種新的療法。於是，他在連江一個擁有近千居民的村莊開展一個事工，他的助手稱之為「最獨特的煙民事工」。

> 近來，鴉片煙民大幅增加，速度令人咋舌。五年內，鴉片價格已漲了400%。人們為此變賣田地和房屋，整條村都瀕臨崩潰。去年12月，有四位煙民到了英國海外傳道會在福州的醫院，被宮醫生治好了。其中一位病人每天拿到藥丸後，偷偷藏起一部份，回家後就將他妻子也治好了。宮醫生和他的藥丸聲名大噪，村民甚至議決務必要請他去，將煙民治好。

> 村裡的耆老和領袖大排筵席，在席間討論了具體方案。他們透過相識的基督徒，輾轉接觸到伍蘇菲。伍氏再將邀請轉達，於是醫生於3月2日正式開始合作。

> 這些人從20歲到70餘歲不等；有五位超過60歲，有幾位吸煙超過三十年……在

> ［治療的］首兩週，這些可憐人的身體飽受折磨：他們流淚不止，劇痛難當，不斷嘔吐，還經歷了亟盡想像的痛苦，最後一天煙癮更是發作到極致……
>
> 許多人為這次機會替我們代禱，而從一開始，神就已確實同在……到3月為止，雨水一直連綿不斷，但那天忽然放晴，直到三週後才又再次連綿密雨。這誠然是神的供應，因為若要他們全部留在那又大又開揚的大廳，既不可能、亦高風險。[32]

宮維賢的療法是將嗎啡摻入藥丸中，以此幫助病人戒掉鴉片。這療法非常成功，但必須小心計算劑量，以免弄巧反拙，反而嗎啡成癮。那條村裡，有七十九男九女都成功戒煙。後來，有幾人又重新上癮，但都被驅逐出村或在某些條件下允許留下。但除此之外，大多數煙民都成功地徹底戒煙。是次成功的經驗，帶來兩個重要的效果：其一，是將戒煙與基督信仰緊密

---

[32] White, "Opium Smokers,"《教務雜誌》(Chinese Recorder and Missionary Journal)，第 37 期（1906），頁 628–31。更多記載請見宮氏於 Extracts from Annual Reports, 1902-1906, CMS, 410–411 的報告；《海峽時報》(Straits Times)，1906 年 11 月 24 日，頁 8; Reinders, Borrowed Gods, 51。

相連。鑑於以前與祖先崇拜相關的療法全都失效，就更突顯這點。於是，村內原定的建廟計劃就被擱置，取而代之的是要興建教堂。其二，是這個非同凡響的消息在當地迅速流傳，而鄰近的村莊亦紛紛求助。在其中一條村，有三十九男九女成功戒癮，並以大型的煙火表演相慶。

> 與此同時，中國社會整體也出現重大的發展。在中國歷史悠久的帝皇體系每況愈下，在其支持的義和團起義失敗之後，更是雪上加霜。及至1900年代初，慈禧太后發起了若干重大的改革，包括嘗試推行君主立憲制、準備進行教育及醫療改革、又草擬法令禁止纏足。但對中國的眾多精英而言，仍是杯水車薪、為時已晚。要求更徹底地改革的呼聲，漸漸高漲。

大約在這個時候，宮維賢收到福州的達官富紳送贈的一塊匾額，以表揚他在該區的醫院事工，並列明城內捐款購買病床的善長名單。[33] 醫院和盲校在福州

---

[33] 《慈愛與真理》（*Mercy and Truth*），1907年9月1日，頁280–84。

備受推崇，令岳愛美和宮維賢相當高興。1907 年初，他倆就聯袂出發，先去英格蘭，再去澳洲。如此一來，就能帶同宮依蓴與雙方家人見面。

4
歌韻悠揚（1907-1914）

四月下旬，岳愛美一家人回英述職休假，還帶了一位中國小男孩同行。這位男孩姓陳[1]，是有視力障礙的。他們在倫敦逗留了九個月，期間一直住在伊斯靈頓的博爾頓醫院，因為宮維賢在該院擔任資深外科主任，並運用薪資所得，在享負盛名的倫敦熱帶醫學學校（London School of Tropical Medicine）修讀為期三個月的專業文憑。該校致力培訓醫務人才，以應付大英帝國轄下之熱帶國家的健康議題。就在幾年前，一位最傑出的校友才剛剛因其關於瘧疾的研究而榮獲諾貝爾獎。時至今日，該校於全球公共衛生領域的跨學科研究仍是執世界之牛耳。[2]

---

[1] 校註：英文原版中的姓氏為 Ding，考慮到各地方言發音，故譯作「陳」。參本書序幕註腳 1。
[2] 見倫敦衛生與熱帶醫學院（London School of Hygiene and Tropical Medicine）網站：https://www.lshtm.ac.uk。

雖然岳愛美想念盲校，但對她來說，看到「家鄉」的景物就如夢想成真——尤其是當她看見約克郡，即岳氏和馬斯登家族的故鄉。要認識宮維賢的一眾親友，岳愛美也頗為緊張，但這讓她更明白丈夫，而且也讓宮依尊認識祖母、姑嬸和叔伯。另外，在醫療宣教協會（Medical Mission Association）於倫敦舉辦的週年大會上，宮維賢亦作為海外傳道會四大醫療宣教站之一的代表而發言。[3]

　　此後，宮氏一家和小陳乘坐波斯號客輪，在航行六星期後，於1908年3月26日抵達澳洲墨爾本。現在，輪到宮維賢去認識岳愛美的親友，並帶宮依尊認識外家親戚了。他們首先乘火車到吉朗，受霍氏一家的接待，再乘馬車到「達理薇」。對於這地方，宮維賢從岳愛美口裡風聞已久。這段鄉郊時光也令他想起自己童年的農村生活。他們在澳洲寧靜而安詳的叢林裡怡然自得，盡情地休息、閱讀、散步、騎馬，單純地享受在中國難得的天倫之樂。兩個多月的閒適後，他們身心都重新得力。

---

[3] 《慈愛與真理》，1907年5月，頁131。

4 – 歌韻悠揚（1907-1914） 95

插圖 19：岳愛美、宮維賢和宮依蓴在
「達理薇」的悠閒照（1908年）

之後，他們乘火車到悉尼，宮維賢拜會了年事漸長的岳母和幾位妻舅、妻姨。六月初，他便開始代表英國海外傳道會，到悉尼和新州的若干城鎮去分享。他談及福音在「新中國」的挑戰和前景，內容頗有洞見。

> 千百年來的保守主義正在消逝，基督的
> 教會亦因而即將面對嶄新而宏大的挑
> 戰。短短幾年前，古老的教育標準——
> 生硬的、了無生氣的，與人民和國家的

進步格格不入——仍被奉為圭臬。今天，人們揚棄古老的體系，轉而擁抱西方的教育理念。中國人的前途無可限量。古老的迷信日漸崩解，但若基督的教會無法乘勢而起，則舉國上下都會淪喪於無神主義，後果不堪設想。[4]

宮維賢向來強調，要在中國廣傳福音，醫療宣教非常重要。傳統醫療體系及其治療方式乏善可陳，臭名昭著。他們對解剖學知之甚少，亦不了解麻醉的價值。他們的外科工具原始而粗糙，連最簡單的手術也無法應付。宣教士若能醫治病人、紓緩痛苦，不但能救厄解困，更能啟發病人考慮採納基督教的信息和生活方式。

回到維州後，宮維賢向墨爾本大學的基督徒學生發表演講。他不禁想起劍橋大學的時光，並記起自己過去怎樣深深觸動於宣教士的演說。接下來的幾個月，他向各種不同的團體分享。《傳道會拾穗》的日程表記載了他的行蹤。[5]

7月18-23日
巴拉瑞特展覽中心（Ballarat Exhibition）

---

[4] 《梅特蘭信使日報》（*Maitland Daily Mercury*），1908年6月2日，頁3。
[5] 《傳道會拾穗》，1908年6月30日，頁1016。

（澳洲總理艾爾弗雷德·迪金〔Alfred Deakin〕也在會上發言）⁶

7月24-26日　戴爾斯福德（Daylesford）

7月27日
阿辛頓聖多馬堂（St Thomas' Essendon）的男士聚會

7月28日
歌菲特聖馬利亞堂（St Mary's Caulfield）的女士聚會
晚上7點，聖科達宣教士訓練所（St Kilda's Missionary Training House）的護士聚會

7月29日　晚上8點
聖科達基督堂（Christ Church, St Kilda）
拾穗者工會年會

回到悉尼後，岳愛美身穿中國服裝，以幻燈片的形式，在巴拉馬打的聖約翰座堂發表她唯一一次的述職演說。該堂正是當年撒母耳·馬斯登牧師⁷的駐堂。她提到，回到中國後，澳洲詩人江亨利（Henry Kendall）的親戚江艾莉（Alice Kendall，即江師姑）將會

---

⁶ 《廣告人報》（*The Advertiser*），1908年7月20日，頁6。
⁷ 編按：即岳愛美的外太公。詳參附錄家譜。

協理盲校的工作。[8] 對宮氏伉儷來說，悠長的休假讓他們可以再思自己的事工、計劃未來的方案。此外，岳愛美也再次有喜，不過要待回到福州後才誕下麟兒。

———

那邊廂，中國社會的大規模改革正在日漸壯大：[9]
- **政治**上，是以孫中山為領袖。他是一位執業醫生，也是已受洗的基督徒。他致力改變中國，建立現代的民國。早在義和團起義之前，他已提出「三民主義」——民族（擺脫帝國主義）、民權（按照西方民主的標準）和民生（包括將土地重新分配）。1907至1908年間，孫氏募資贊助了六次在中國南方的武裝起義。雖然全都失敗告終，但福州市政當局對此頗為贊同，其中不乏基督徒。[10]
- **教育**上，精英主義的儒家科舉制度已被廢止，新

---

[8] 《坎伯蘭亞古斯報》，1908年8月19日，頁2。
[9] 有關該時期更多資訊，見 Hsu, *Rise of Modern China*, 452-64 及 Schiffrin, *Sun Yat Sen*。中譯版分別為徐中約：《中國近代史（上冊）》，（香港：中文大學出版社，2001），頁459-469；及史扶鄰：《孫中山與中國革命的起源》，丘權政、符致興譯（北京：中國社會科學，1981）。
[10] Dunch, *Fuzhou Protestants*, 55, 65, 77-79, 82, 103, 155-65.（中文名字為唐日安 Ryan Dunch）。

的官辦學校在福建省和全國各地都如雨後春筍。然而，這些學校收生人數有限，而且只限男生。換言之，宣教士接觸到的普通城鎮和貧困農村兒童，都無法受益。

● **健康**上，在福州及其鄰近地區，反鴉片的社團紛紛成立，致力沒收鴉片、治療煙癮。在宣教士的大力支持下，他們組織一連串遊行和示威，參加人數多達一萬人，又公開焚燒鴉片，並關閉鴉片煙行。單在首都一地，便已關閉了逾三千所。許多農民不再種植罌粟。然而，令宣教士尷尬的是，當北京要求停止鴉片貿易時，英國政府竟然拒絕，堅持只願在十年之內，每年減少10%。[11]

回到福州後，身懷六甲的岳愛美在江艾莉的幫助下重拾工作。1909年6月9日，一個健康的男嬰在柴井醫院呱呱落地。岳愛美和宮維賢決定讓兒子承繼岳愛美的父母兩族的姓氏，於是讓他以宮馬岳（Marsden Oxley Wilkinson）之名受洗。春暖花開，盲童從福建省各處、從廣東、甚至從新加坡絡繹前來。在 Everyday Tales of China 圖文集裡，生動地描述了福建內陸村落的新生前往學校的情況。

---

[11] 編按：應指1907年清廷與英政府的《中英鴉片協定》。協議訂明中國同意禁止本地生產鴉片，而英屬印度出口至中國的鴉片則將每年遞減10%。參大英百科全書，「opium trade」條。https://www.britannica.com/topic/opium-trade。

這天,醫院的護士和病人都圍繞著戴昂(Daik-ong,音譯),向他道別,因為他將長途跋涉的前往福州了。他深感大家的情意,極力強忍男兒淚⋯他的口袋被塞滿了糕點、柳橙和盤川。挑夫的籃子早已準備就緒,只等乘客起行。但在啟程之前,戴昂堅持要與朋友分享他的禮物。

最後,他坐在籃子裡,熱淚盈眶。忽然,醫生突然把一隻漂亮的大象〔毛絨玩具〕塞到他的懷裡,想安慰他。挑夫抬起籃子,正式起行,將他送往學校。

他們穿街過巷,從西門出了福寧城[12],再經過長長的沙質平原,挑夫的草鞋步步拍拍作響。他們偶爾休息幾分鐘,然後又繼續前行。大約一小時後,他們到達第一個休息站,挑夫坐下來喝茶抽煙。這時,戴昂忽然聽到朋友的聲音,還有一些也正在前往福州的外國人。他大喜過望。來到第二個休息站,他們在一棵

---

[12] 編按:原文為 city of Funing。查考清代行政區劃,福建省下設福州道,下轄福寧府,「福寧城」應指福寧府的治所,即今天福建省寧德市霞浦縣。

大樹下野餐，煞是有趣：有糕點、茶、水果。戴昂再次伸出手，將柳橙與他人分享。

他們再次上路，不久後，大海……這個男孩高興地在大船的甲板上玩耍……夜裡，他們帶他……上了一艘蒸汽船，在船上度過幾小時後，他又回到岸上……

畫面又回到街道上，人們側目觀看奇景：一個盲童一邊蹦蹦跳跳，一邊緊握着一個外國人的手。坐在門檻上兜售各種雜物的老婦，對於這個鄉下來的孩子來說極為吸引；一隻跑來跑去的老鼠只售一文錢！最後，他們終於召了一輛人力車，抬起戴昂和他所有的財物，他就和外國人一起上路。

戴昂滿腹疑問。他首先問了苦力：「車夫啊，你從哪裡來？」車夫頗為驚訝，禮貌地回答。當車夫按響車鈴時，又要細細解釋。戴昂問：「這樣很安全吧？」公車和引擎的聲音就像來自不同的鐘鈴和喇叭，戴昂認為「福州是個鐘鈴之城」。

翌日，他坐上了一輛擁擠的公車。陌生的人們問了他很多問題，戴昂只好盡量回答。其他乘客都說福州話，但戴昂說着鄉下話。

下車後，他和宣教士朋友一起坐上最後一程人力車。戴昂忽然說：「關於馬車，我發現一件事：如果要靠人來拉車，就行得很慢；但如果能像我的引擎一樣推動它，或者像我們剛才乘坐的大型公車一樣，就能開得飛快。但公車裡面是有個東西，所以才能自己走。那東西是甚麼呢？」

幾天後，戴昂在福州盲校和新朋友一起玩耍。他們像戴昂一樣，都是盲童。[13]

如今，岳愛美要照顧兩名兒女，加上宮依尊虛弱多病，令她忙得不可開交。宮維賢也疲於奔命：除了醫院的工作外，還要撰寫醫學觀察報告，並把握機會進村治療煙民。

---

[13] Everyday Tales of China, 44-47.

回福州後不久，宮維賢就按照文憑進修所學，因應福建的主要熱帶疾病，寫了一份報告給差會：霍亂每年都會出現，往往奪命無數，而且每隔一段時間就會達到流行病的程度。天花也是週期性的問題。肝病和象皮病也很常見。瘧疾較少見於城市，多見於鄉郊。過去幾年，登革熱也出現了。[14]

插圖 20：宮維賢在醫院院區的家中工作（1909年）

---

[14] 這段是按照宮維賢的原話編纂而成。這時，他是該省的首席醫療官。亦見 Harford, "The Climate," 刊於《慈愛與真理》，頁 56-9。

宮維賢仍然常常要到醫院外，處理煙癮問題。我們有幸，找到他在1909年上半年對一個同類個案的詳細描述：

> 是日，杜松村陽光明媚。然而，大街上的氣味和景象都不堪入目。許多池塘都被挖空了，行人道旁堆積了厚厚的泥濘……打鑼人鏗鏘莊嚴地宣告：戒除鴉片之日已到，煙民應前往戒癮專用的寺廟報到。
>
> 午後，陸續有人帶着床板和其他隨身用品，徐徐前往寺廟。他們身形枯槁，臉色灰暗，而且往往神情沉鬱可怖。寺廟已撥歸神的僕人暫時使用兩週，作為戒煙醫院……然而，就是這條村……過去幾年來，一直對神的話語缺乏興趣。全賴那所由寺廟改建而成的小教堂和旁邊的診所默默耕耘，才有今天這個難得的機會。更神奇的是，當初最強烈地反對的士大夫……竟然策劃了這次運動，又向外國醫生求助。
>
> 直到上午9點30分左右，才聚集了七十人。在本地宣教師（local catechist）祝福祈禱後，便開始第一輪的藥物治療……

在煙民居住的寺廟裡，整體的空間格局頗⋯為方便我們的運作⋯⋯前半部分像個劇場，後半部分⋯則隔着一個露天的院子⋯⋯神龕裡，有三位主神。本村的主神在正中⋯⋯前面被一個布簾遮住⋯⋯如果神像有耳可聽，想必在這幾天內聽到許多事情，感到憂慮不安。不過，我們主要不是對偶像口誅筆伐，而是傾流出上帝藉基督而展現的愛和憐憫。

我們的病人共有七十八男五女。男士住在廟裡，女士則住在婦女院⋯⋯我發現，男士的平均年齡為45歲，女性為37歲⋯⋯男士的職業相對有趣。正如所料，大多數都是務農的。但也有商人、兩位校長、三位廚師、三位理髮師、一位村裡的巡警、一位剪羊毛的、一位牧羊人、一位石匠、一位鴉片店員、三位無業遊民、兩位娛樂從業員⋯⋯他們開始吸煙的原因也很有趣⋯⋯四十五人是為了享受，其餘的則是為了各式各樣的、真真假假的小毛病。至於煙齡，我發現男士平均十四年、女士七年⋯⋯

關於所用的藥物——大多是藥丸或藥

片，其中藥性最強的成分是鴉片或嗎啡，輔以亢奮劑和其他替代藥物。我們配藥是按照他們過往吸食鴉片的份量，先持續三至四天，然後再遞減，直至他們只吃亢奮劑。我們總是非常謹慎地配藥和派藥⋯⋯

在諸般資格之外，還需要明白人情世故。一位病人需要被同情，另一位愛開玩笑，第三位則需要無情地強硬對待。同時，也總有病人是無論你給他甚麼，他總是「像奧利佛一樣，還想要多點」[15]。

我們嘗試以三種方式來影響這些病人的道德和屬靈生命：(一) 講道，(二) 幻燈片分享，(三) 派發刊物。每天早上都會講道〔自願參與〕，傍晚派藥前也會講道。我們在廟裡總共辦了四次幻燈片分享，當時⋯ 有頗多村民聚集⋯ 至於刊物，我們起初給每個人都分發一張紙，

---

[15] 編按：應是援引狄更斯（Charles Dickens）的名著《苦海孤雛》（Oliver Twist）。在著名的一幕，主角奧利佛（Oliver）乞求更多食物：「求求您，先生，我還想要多點。」

一面印有主禱文、十誡、信經、和黃金律[16]，另一面則是兩首聖詩，即《耶穌愛我歌》和《有一處福樂地》。另外，也有一些印刷精美、配有插圖的《約翰福音》⋯也是免費派發的。[17]

1910年中國新年之後，福建的政府官員接觸岳愛美，希望她參與將於5月舉行的國際南京博覽會[18]，展示盲校的出品。作為一個服事殘疾人士的機構，這實在是一項殊榮，而且機會難逢。這是中國首次正式舉辦的世界博覽會，旨在展示其農業、經濟、科技和文化上的持續發展。會場佔地一百四十公頃，各省都有自己的展館，福建也不例外。展覽內容涵蓋農業機械、工業技藝、交通運輸、教育、健康和藝術領域。

---

[16] 編按：Golden Rule，即「你們若要人怎樣待你們，你們也要怎樣待人。」
[17] Wilkinson, "The Loan of an Idol Temple,"《慈愛與真理》，333-41。宮維賢在下一份正式報告指出，病人在屬靈上明顯變得更有反應，連「老煙槍」也不例外（Wilkinson, Annual Report, 1910年7月, 頁245）。
[18] 編按：應指「南洋勸業博覽會」，於1910年6月5日至11月29日假南京城舉行。

展覽為期六個月,展出了逾一百萬件商品。以下文字言簡意賅地總結了是次活動的重要之處:

> 南京博覽會深受整個中國社會的廣泛關注,而且許多富商巨賈、博學鴻儒和政界要員都紛紛出席。此外,還有大量來自日本、美國、德國和東南亞等地區的代表團。據估計,與會人數共逾三十多萬,期間的貿易額達數千萬元。時人看來,此次實屬中華歷史五千年來的盛事。[19]

夏天時,有一位王隊長(Captain Wong,音譯)表示願意統籌並資助全程的費用。於是,邵寧開和另外四個盲童就成了福建省的代表,前往南京。這是天賜良機,讓岳愛美能在全國教育和工業創新的舞台上,展示盲校的工作。

> 一位男孩〔寧開〕獲得了一枚白色頂珠,代表士紳資格[20]。其他男孩則由福州

---

[19] 'An Overview of the Chinese Expositions During The Late Qing Dynasty—An Article Celebrating China's First Ever World Expo', 摘自 Chinese Medal blogsite, https://chinese-medal.wordpress.com/2009/08/11/ (2016 年 7 月查閱)。

[20] 編按:此時清政府已廢除科舉,嘗試推行現代化的學制,史稱「癸卯學制」,設有國小教育、中學堂、高等學堂(等同大學)。此處形容邵寧開獲頒「white button」,可能是

> 總督[21]和南京博覽會的官員頒授金質獎章和獎狀。獲獎的男孩天資聰穎,已經用點字寫出整本新約⋯⋯他很有音樂天賦,並能說⋯⋯頗為流利的英語。其他獲頒金章和證書的男孩也很聰明,料想應該對學校未來的發展頗有幫助⋯⋯這些證書極為精美⋯⋯由農工商部副大臣頒授⋯⋯作為福州盲校的創辦人,宮夫人一直殷勤教導盲童的課業和工藝。該校的成功,實應歸功於宮夫人無私慷慨的幫助。[22]

在南京博覽會上嶄露頭角後,盲校和盲童樂隊隨即有很多機遇。他們受邀在各式各樣民間的、教會的、跨宗派的場合演出,邀請者來自全省各地、甚至遠至上海。從岳愛美的記述,我們可窺見男孩組隊巡迴演出的情況。

> 盲校全校上下都興奮莫名。學校的十二名盲童被中國基督教青年會邀請,到樟

指清代官紳帽上的頂珠;而其所代表「士人資格」(literary degree),可能是指等同大學文科畢業。

[21] 編按:正式官銜應為「閩浙總督」,時任總督應為松壽。

[22] 這是《傳道會拾穗》的報導,1912年10月1日,頁170。岳愛美本人的記述則較謙遜平實,載於《海外傳道會公報》(*CMS Home Gazette*),1913年11月,頁343。

城出席他們的年會。棉被要摺好，籃子放滿了肥皂、面巾、牙刷、梳子、髮油、和備用的禦寒衣物。樂隊的樂器都收拾好了——別忘了風琴、定音鼓和大鼓。所有東西都要裝成行李，每件的重量不超過四十磅，這樣，就可以讓苦力每人背兩件。他們用竹竿橫在肩上，一邊一件。

校舍大門砰砰作響，隨即有廿四個苦力背著藤椅進來。他們全都放聲大喊，東奔西跑，想要抓住最小、最輕的男孩來背。可憐是吹短號的戴明（Dai Ming，音譯），總是最後一個被選中的。他長得高大，但笑容可掬、言語溫文，最後終於都能入坐。

下一個令人興奮的就是上船。像沙丁魚般擠在船艙裡，要坐得舒服是多麼困難的事啊！但是！這正是有趣之處！揚帆啟航，我們很快就餓了，廚師就煮了一鍋飯，又在另一個鍋裡用熱油炒豬肉和蔬菜。我們垂涎三尺，這實在是人間美味。

夜幕低垂，我們掀開棉被，準備睡覺。但我們要先唱幾首聖詩。我們左右是美

麗的河流，點點繁星在澄空中閃耀。不遠處的村落裡，傳來「咯、咯、咯」的響聲。有人病了，找了廟裡的和尚去誦經，祈求神明救助。然而，這些男孩的靈魂得蒙至高處的光照，頌唱一首又一首的聖詩，讚美唯一的真神。他們的聲音真是美妙——男低音、男高音、男中音，唱着：「慶賀祂，賀祂，賀祂，賀祂，慶賀祂為君王」[23]。我們讀了耶穌在水上行走、彼得哭喊「主啊，救我！」的故事。

黎明來到，我們一覺醒來，發現已經接近急流。船員都跳入水中，只留下緊抓長槳的舵手。在岸上，男人、女人、男孩、女孩都在等待工作機會。他們很快便出盡全力拉着長長的拖船，有時甚至手腳並用。最後，我們終於渡過急流。真是驚心動魄！一旦斷繩，船就會被拋回洶湧河水中，撞上岩石，粉身碎骨。

我們整天溯河而上，夾岸是壯麗蓊鬱的山丘，滿是蒼綠的冷杉、青翠的毛竹，

---

[23] 編按：即聖詩 All hail the pow'r of Jesus' name，中譯《大哉聖哉耶穌尊名》。

入秋了,所以還有緋紅絢爛的彩葉樹。天空湛藍,陽光和煦。我看見這一切可愛的事物,但我樂隊的男孩雙目失明,甚麼也看不見。但他們從無怨言,他們聊天、唱歌、開玩笑、說故事。為甚麼呢?因為他們可以說:「我真歡樂,因耶穌愛我!耶穌竟然愛我!」[24]

插圖21: 岳愛美與樂隊巡迴演出(1909年)

我們在樟城受到熱烈歡迎!鞭炮聲連續不斷,十幾位男孩爭相為樂隊領路。當地居民目不轉睛,感到新奇,當樂隊開始演奏時,大家都非常興奮。

一、二、三、四下大鼓聲,然後轟然高唱《基督精兵前進》。數百名聽眾很快

---

[24] 編按: 即聖詩 Jesus loves even me。中譯《耶穌竟然愛我》。

就掌握了音樂的節奏,想樂隊繼續演奏下去。但是,書生儒士很想看男孩朗讀中國的經書,再將之寫出來。對他們來說,點字是「神奇的點」。他們不明白「外國之子」為甚麼教盲童學習這些。對此,我們說:「天父是唯一的真神,是祂派我們」。祂就是愛。[25]

盲校大獲成功之際,1910年9月傳來惡耗:岳愛美的母親岳哈莉驟然逝世。她被安葬在哥必第的家族墓地裡,在丈夫岳約翰旁邊。悲痛之餘,岳愛美感恩之前能帶宮維賢和宮依萼到悉尼,讓母親認識他們,又在海伊莎姨媽家中享受了天倫之樂。

1910年,宮維賢的不懈努力終於看到成果。10月9日是大喜之日,因為期待已久的新門診大樓終於開幕。出席開幕禮的嘉賓包括教省議會副主席、外國租界代表、醫生和職員。開始前,盲校男孩以小提琴、短號和風琴演奏了英格蘭、蘇格蘭和愛爾蘭的樂曲。唱了一首聖詩、讀了一段經文後,主教[26]和美國領事[27]就發表演說,闡釋醫療宣教工作在中國的重要角色。[28]

---

[25] 《東拓》(*Eastward Ho*),1922年5月,頁51-53。
[26] 編按:應指時任聖公會福建教區主教貝嘉德(Horace M. E. Price)。
[27] 編按:應指時任美國駐福州領事葛爾錫(Samuel L. Gracey),也是一位牧師,屬循道宗的美以美會。
[28] 宮氏:《慈愛與真理》,1911年1月,頁15-17。

對宮維賢來說，同年還有另一件大事：籌備已久的協和醫學校（Medical Union College）即將成立。該校是由聖公會、公理會和美以美會合辦，旨在培訓醫生。1911年初，醫學校正式開學，由雷騰醫生（van Someren Taylor）擔任創校校長，宮維賢則繼續執教。該校的中國學生人數不多，但日漸增加。[29]

七月時，向來體弱的宮依尊病況急轉直下，岳愛美和宮維賢都明白中國現有的治療已不足以應付。因此，他們決定在百忙中抽空，由岳愛美帶女兒赴英格蘭，尋求更好的專科治療。抵埗後，母女二人得到差會的鼎力支持和實際幫助。我們無從得知宮依尊的診斷結果和療程，但結果她的病況都得到改善。留英期間，岳愛美獲悉原來三年一度的國際盲人會議（Triennial International Conference on the Blind）剛剛已在艾希特（Exeter）舉行。這本是難逢的良機，能與世界各地盲人教育的翹楚互相交流，但她卻失之交臂，因而頗為失望。她暗下決心，必須出席下次會議。

那邊廂，中國的局勢在1911年的最後三個月急遽轉變，政治革命近在眉睫。

---

[29] 編按：雷騰醫生原駐福建莆田，辦有「興化聖教醫院」（1897）及「興化雙鳳醫學校」（1898）。但由於差會議決將醫學校集中到福建省會，於是調任到此，原辦的醫校亦併入「福州協和醫學校」。

> 這場革命本來只是武昌軍營的一次小規模起義,卻意外地成為清朝覆亡的導火線。流亡美國的孫中山聽見這場反抗帝國政府的叛亂居然成功了,便立即返回中國。叛亂有如摧枯拉朽,迅即擴展到國內的其他重鎮。及至十一月初,福州革命軍在北門起義,清軍最後投降。聖誕前幾日,各地的民變凝聚為所謂的辛亥革命,至終令末代皇帝溥儀宣佈退位。幾日後,孫中山就在南京當選為臨時大總統。

1912年1月1日,中國宣佈成立民國,遷都南京,舉國歡慶。[30] 福州當局雖然支持新政府,但一些隸屬舊政權的士兵卻在市內引起騷亂。當地的基督教機構都受威脅,但新政府的支持者成功保護了他們。中國起義的消息傳到英格蘭,令岳愛美回福州的行程有所延遲。及至十二月,母女二人終於踏上歸途。

---

[30] 關於這一連串事件,見 Hsu, *Rise of Modern China*, 465-74。中譯本為徐中約:《中國近代史(上冊)》,(香港:中文大學出版社,2001),頁470-479。

三月，孫中山宣佈讓位予袁世凱。原來他向袁氏許以總統之位，換取袁氏帶領晚清餘部投降。這時，民國才剛成立兩個月。此後不久，孫中山就成立了國民黨，進一步推動中國邁向完全民主的選舉。然而，國內仍未完全平靖。在福州，有新任民政長官因炸彈事件而命懸一線，反革命的行動也禁之不絕。盲校亦一度受威脅，但有位未信的富翁慷慨地收容所有盲童，直至局勢回復穩定。[31] 同年稍後，孫中山親自到訪福州，向新政府的支持者表達感謝。由於宮維賢現已是市內醫療事工的總監，他們伉儷很可能也曾參加這些聚會，見過這位不凡的訪客。[32]

新的中央政府迅即推行一連串的重要改革。他們興辦醫院和診所，又興辦嶄新的日校和寄宿學校，男女均可入讀。岳愛美的盲校也不斷發展：及至1913年，已有近八十位學生。在家裡，宮依尊的身體也明顯好轉。3月29日，星期六，是盲校的大喜日子：學校的

---

[31] 《慈愛與真理》，1912年7/8月，頁140。
[32] 關於基督教怎樣在義和團運動到國民革命的期間快速增長，見 Bays, *New History*, 90-99。中譯本為裴士丹：《新編基督教在華傳教史》，頁119-130。

大師兄邵寧開，因為將各類著作譯為點字、及他有目共睹的教學能力，被賦予士紳身份[33]。另外，十三位較年長的男孩也正式畢業了。[34] 正如一位資深宣教士所寫道：

> 昨天，我去了宮夫人主持的盲校，出席他們第一屆畢業禮。他們卓越不凡……有位男孩唱了《豈可空手回天府》，〔唱得〕非常動聽。又有中文版的《聖哉聖哉聖哉》四重唱，非常悅耳。有兩位男孩吹短號、兩位拉小提琴，再合唱《哈利路亞》。[35]

幾週後就是 4 月 27 日，是新政府授意的「為國祈禱日」，眾教會都一同參與。通令的電報上寫着：「我等宜悉數參與。凡全國華人及基督徒誠摯舉辦之聚會，各省政府代表務須出席。」整整一百年前，中華帝國頒下詔書，明令若有外國人私自印刷刊物或公開演講，「蠱惑多人、煽惑及眾」，為首者必遭處決。[36]

---

[33] 編按：原文是 Mandarin Status，應指官紳。參本章註腳 20。
[34] 《海外傳道會公報》，1913 年 11 月，頁 343。
[35] 來自耶魯大學神學院圖書館裨益知（Willard L. Beard）特藏，參 https://divinity-adhoc.library.yale.edu/BeardPapers/Beard1913.pdf。
[36] 《傳道會拾穗》，1913 年 6 月，頁 81-82。編按：此處

同年稍晚，岳愛美獲邀在1914年6月到倫敦的西敏寺，在三年一度的國際盲人會議上發表演說。今屆會議的主題為「盲人藝術和工業展覽」，規模空前，各式各樣與盲人有關的工藝品琳瑯滿目，健視和視障的代表由世界各地雲集於此，失明的美國教育家和倡議者海倫·凱勒（Helen Keller）和一些澳洲的盲校教育家亦有列席。

　　會議之初，岳愛美首先簡介如何調整點字以適切福建方言，又以若干實例說明。[37] 在主題演說中，她憶述盲校怎樣在東岱創校、後來怎樣遷到福州，又細數怎樣由備受當地人冷眼演變至在南京博覽會上屢獲殊榮。之後，她以幻影片帶聽眾遊覽盲校。從她對盲校校舍、校內活動、時間表和需要的介紹，也可見她對未來的一些計劃：

引述的通令及詔書，中文原文難以考究。因此，無奈從英文意譯民國詔令。至於1813年的清朝詔書，有同期寫入《大清律例》的禁令，語句甚為相似，參考而成：「西洋人⋯傳習天主教，私自刊刻經卷，倡立講會，蠱惑多人⋯為首者擬絞立決」。載於《欽定大清會典》卷六一零，引述於黃巧蘭：〈清廷查禁天主教期間（1717-1840）傳教活動之研究〉（國立臺灣師範大學碩士論文，2007），頁99。https://hdl.handle.net/11296/t49ncf。

[37] Wilkinson, "School for Blind Boys."

4 – 歌韻悠揚（1907-1914） 119

插圖 22：岳愛美用運動器材使學生學習平衡

插圖 23：男孩在盲校編蓆、編織

我們經過厚厚的泥牆，穿過小門，就來到寬闊、陳舊的遊樂場。迎面而來的是一棵美麗的榕樹，男孩可坐在樹蔭下休息。我們向左轉，穿過有蓋的陽台，就

會來到教員室。教員室旁邊就是一間通風良好的教室，其中一側完全是開放式的。有一位盲人教師在此迎接我們。他相貌堂堂，一表人才，無論在哪裡都鶴立雞群。

他正在教班，有八個小孩。其中一個的故事，證實我剛剛說的話：華裔盲人的命運有時確實可怕。這小傢伙來自新加坡，他生父為減省家中糧食開銷，親手將他綁在森林裡，想借野生動物之口，減輕自己為人父母的責任。同班另一個男孩來自西北省份。失明亦即無用，於是他生父把他活埋了，但鄰居又把他挖了出來，救他一命。旁邊還有一個臉色蒼白的男孩，他初來到學校時，骨瘦如柴，形同骷髏——頭上傷口迸裂，臉上青腫一片，口不能言、無法坐直，只躺在地上呻吟。

旁邊的房間通風良好，其中一邊是完全開放式的。男孩正在學習造竹簾、籃子等物品。走到對面的開放式陽台，還有五個織蓆用的架子。這邊的男孩比較年長。我們進來時，他們都站了起來。有一人滿臉愉快、一表人才，回應我們的問安。

4 – 歌韻悠揚 (1907-1914)

這人是十二年前來的。在一個寒冷徹骨的聖誕節清早，他母親將他帶來學校。當時，我僅有的兩個小房間都已人滿為患。我無奈地說：「我這裡無法收容他」。但那婦女苦苦哀求：「求你可憐他吧。白米價格昂貴，他生父已經說了，若再看見他在家中吃飯，就要殺死他。」面對這樣的苦難，只好見步行步，不會猜測十二年後的光景——我們糊里糊塗的就渡過了難關。

回到學校主樓，就聽到小男孩歡唱的歌聲，他們雙手飛快地編製幼繩。讓他們保持忙碌，有益無損。他們受僱要將稻草和亞麻搓成幼繩，以備遲些再編成冬天躺的草墊。其他男孩則在用棕櫚纖維製作門墊。我們這裡製作的墊和蓆，可選大約二十種不同的圖案，其中有些共有五種顏色。四個編蓆席一直忙個不停。校舍的建築是本土風格，編織的工作主要在四合院內寬敞的陽台中進行。

接下來，我們進入宿舍——床單被褥相當簡樸。床單是澳洲的熱心朋友製作的拼布，令房間變得明亮，使人精神一振…

到了春天，我們便會換上紅色的毯子，因為當地的棉被太熱了，男孩往往會在夜間踢被子，然後在東方凜冽的清晨著涼……

英格蘭的朋友若想幫助我們，將點字書籍寄過來就對了。無論是舊雜誌或是圖書館不要的書籍，都能令男孩高興不已。有一位朋友不但用點字寫了中文的馬太福音，還自費將其印出來，寄給孩子們。這份禮物令我們深受鼓勵，難以言喻。不過，容許我補充一點：我們雖然是宣教士，但並非思想狹隘，以為男孩只應受宗教書籍的薰陶。任何健康的、能夠開拓視野的、讓他們了解外面世界的著作，都是無任歡迎的。此外，我們很難找到適合寫點字的紙張，而若從英格蘭運過來，運費就比紙張本身還貴。因此，我們往往只好寫在舊報紙上。

現在，我們離開教室，來到一個開放的空間，左右分別是我的書房和女舍監的房間。這裡有一扇門通往操練場；小孩每天練習舉啞鈴，少年則接受軍訓操練。

在大校舍裡，有一台非常好的風琴，還有一個極為實用的「小」風琴。以華人

而言，這些男孩都極擅音律，能演奏樂器，分部歌唱的音準都頗不錯。有人彈風琴，有人拉小提琴，有人吹短號，諸如此類。然而，樂器非常難得。若有人有這些樂器，自己又用不着，若能慷慨捐出，我們會不勝感激。

早上六時，男孩們在大校舍集合，一同晨禱。早上七時半，一位實習教師發表講話，之後就上課、工作、吃飯和遊戲，直到晚上九時。這時，《最後崗位》這曲子就會響起，關燈，然後一片寂靜。

教室旁邊是飯堂，稀稀落落地有一些典型的中式木桌和木板凳，還有筷子和碗等簡單餐具。男孩一天吃三餐，包括米飯、魚和蔬菜等。

男孩也會抽空做家務。校舍的一側是個曬衣場，每週都會有大約二百五十件衣服晾在竹竿上——我們偶爾會收到肥皂為禮物，大家都會十分滿意……

曬衣場遠處有個細小的隔離病房，用來照顧傳染病的病患，特別是天花之類

的。校舍的另一邊是一塊平地，前後共有七條電報線，筆直地固定在大約三英尺高的柱子上，每條電報線之間都相隔幾英尺。這是給小男孩的運動設施。每個男孩單手抓住轉環，可以同時有七個男孩在遊樂場的一端飛奔到另一端，想跑多快都可以，因為知道地面是平的，也不會因任何障礙物而絆倒。男孩初到學校時，通常都會四處爬行摸索，但通常很快就會蛻變。我認為，這樣跑動比任何活動都更有助建立他們的自信心。我們亟需適合小男孩的遊樂設施——遊戲耍樂實在有百利而無一害——但我們缺少資金，無法在這方面投資。

遊樂場外，是一個花園。雖然他們必須靠別人的眼睛，聽別人的描述才能知道花朵的美麗，但這些可憐的小傢伙實在很喜愛甜美的花香。

光陰似箭，這些男孩長大成人之後，會怎樣呢？對此，我們和他們一樣，都感到惴惴不安。我們目前已擁有一幅地，四面用牆圍起，但現正殷切籌集資金，想建一棟工藝所。這樣，男孩在盲校學

> 習至少八年、並取得證書後,就可遷至工藝所,在此自行營生,並在傍晚繼續進修。某些較有潛質的男孩或可有其他出路,例如當教師、傳道人或風琴手。但是,大部份人都必須靠編草蓆或竹藝營生。[38]

7月下旬,湖區舉行了開西大會,岳愛美也參加了週六早上的宣教聚會,並擔任三位主題講員之一。[39] 開西運動對她和宮維賢的靈命都影響深遠,因此,能在此發言,實是莫大的殊榮。然而,世事變幻無常。開西大會言猶在耳,世界就已爆發大戰,而且戰況空前的激烈、死傷也空前的枕藉。這場戰爭將會對中國的宣教工作有何影響?對岳愛美的盲人事工又將有何影響?

---

[38] Wilkinson, "School for Blind Boys."
[39] 《海外傳道會公報》,1914年9月1日,頁286。

5
嘉禾勳章 （1915-1920）

　　第一次世界大戰爆發，打亂了宮氏一家的休假。他們原本打算在 11 月南下到澳洲，之後到新西蘭，好讓岳愛美在聖誕期間代表差會出席馬斯登百年慶典（Marsden Centenary Celebration）。但是現在，所有遠洋航行都因傲視全球的德國海軍而備受威脅。於是，為安全起見，岳愛美和宮維賢都認為應該取消行程。[1] 在英格蘭的逗留更久，他們乘機思考未來的長遠計劃。若要維持學校的運作、甚至擴大規模，岳愛美必須為盲校的產品尋找更多商業銷售渠道。除了英格蘭，美國也是一個潛在市場，因為戰爭迄今仍未波及美國。

　　幾個星期內，岳愛美就收到南京博覽會主辦官員的來信，想她的學校提供產品，參與 1915 年元旦在

---

[1] 百年慶典的主辦方獲悉之後，感到非常遺憾，岳愛美在澳洲的家人自然也很失望。見《梅特蘭信使日報》，1914 年 12 月 7 日，頁 3。

聖地牙哥舉行的國際博覽會。² 於是，她請福州的同事將一籃子的樣本送了過去; 包括: 竹編工藝品、編繩、用來製作精美家居用品的海草細繩、還有竹蓆和椅子的原型產品。由於物料上乘、造工精美，展方非常滿意，向校方授予兩枚銀質獎章。可惜，當美國宣佈參戰，岳愛美從製造商獲得合約訂單的計劃就泡湯了。

戰火綿延，西線戰事日漸在戰壕中泥足深陷，岳愛美和宮維賢不得不審慎考慮回中國的時間和方法。然而，最棘手的是孩子的教育。當時，宣教士的主流做法，都是安排孩子在本國接受教育。這是因為本國的教育制度通常較優勝，而且男女均可接受教育，假期時更可有親戚幫忙照顧。於是，岳愛美和宮維賢都屬意讓孩子留在英格蘭。當他們向親族提出此事時，宮維賢的母親、弟弟宮賀瑞（Horace）和妹妹宮珍兒（Jane）都主動表示願意在未來五年內照顧孩子。此時，宮賀瑞和宮珍兒都未婚。

安頓好孩子、享受了天倫樂之後，岳愛美和宮維賢在1916年1月23日登上蒙古號。這是一艘貨輪改裝的客輪，早前被德國潛艇擊中，剛剛修復好。³

---

² Ma and Ai, *World. Exposition*, 4（即馬敏、艾險峰：〈張謇與20世紀初年的博覽會〉）；《信使日報》（*Daily Mercury*），1914年12月7日，頁3。
³ 見維基百科：https://en.wikipedia.org/wiki/SS_Mongolia_(1903)。岳愛美乘船時，是由太平洋輪船公司（Pacific Steamship Company）負責營運。

5 – 嘉禾勳章 （1915-1920）　　129

插圖 24： 岳愛美、宮維賢與宮馬岳、宮依蕚合照，
攝於倫敦 （1915年）

到達福州後，他們開始親身體驗到中國廣泛的轉變。道路的照明系統、交通、通信方式都變得現代化，官方對基督教的態度亦變得寬容。[4] 民國總統袁世凱似乎對宣教工作頗有好感，甚至慷慨地安排了每年捐

---

[4] 宮氏的書信，1917 年 12 月，頁 4。宮氏家族收藏。

給盲校的善款。⁵ 然而，在他治下，中國逐漸與憲政民主背道而馳，反而邁向帝制復辟。事實上，袁世凱大權在握，自行稱帝，而且持續了三個月。⁶ 在這期間，有一件事值得特別注意：1916 年 5 月 1 日，鴉片貿易正式結束，所有庫存的鴉片都燒毀，舉國歡騰，福建也有慶祝活動。袁世凱於 6 月猝逝，中國北方隨即爆發內戰。孫中山重回南方，執掌國民黨政府。雖然孫氏極力呼籲國家統一，但仍無法力挽狂瀾，國家開始崩裂，由軍事領袖或「軍閥」割據各地。

此時，福州官員向柴井醫院送贈厚禮。福州市的軍事首長向應屆畢業的護士頒發證書，而民政首長則向醫院頒贈匾額。⁷ 匾額的題字是：

有醫無類⁸

接下來的幾年裡，醫院以十名職員（其中七位是中國人）之力，連同盲校的宣教師邵寧開，應付了遠超以往的幾波地區流行病。第一波是登革熱，宮維賢

---

⁵ 見羅為霖牧師（L. Loyrd）在《傳道會拾穗》中的評論，1915 年，頁 110。

⁶ 編按：史稱洪憲帝制（1915 年 12 月 12 日至 1916 年 3 月 22 日）。換言之，宮岳二人登船返華時，袁氏已經稱帝。

⁷ 編按：或為福建督軍李厚基、福建省長胡瑞霖。

⁸ 《慈愛與真理》，1916 年 9 月 1 日，頁 202-4。編按：匾額題字的中文原文難以考究，英文記錄是「They Treat All Classes of People Who Come To The Hospital Alike」。

也身受其害。[9] 因此，他請邵寧開執筆，向醫院的捐助者撰寫代禱信，交代屬靈方面的工作進度。

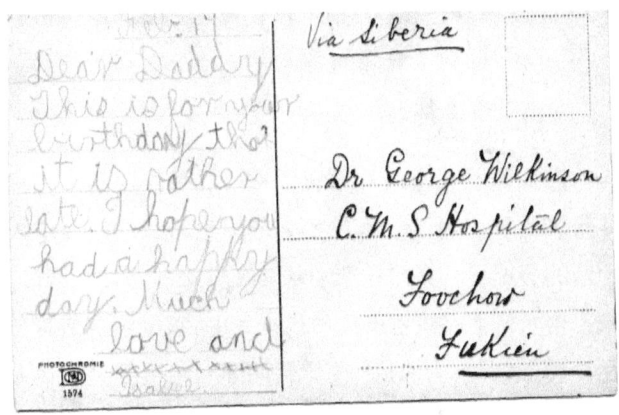

插圖 25:
宮依蓴給父親的明信片，由宮維賢預先填好地址

去年的住院人次接近八百人。我們每天都到病房與他們交談，一些病人非常樂意聽神的話語。我們送上福音書供他們閱讀，又向他們解釋耶穌的生平。我們還教他們學習主禱文、十誡、信經⋯我們希望所有就診的病人都能聽到神的話⋯許多病人來自其他地區或國家，離福州市非常遙遠，所以很難計算每年的

---

[9] Wilkinson, "Facts from Foochow", 1916 年 12 月, 頁 1-4, 收於宮氏家族收藏。

> 信主人數。不過，在市內，我們的確見過有些病人甫出院就參與主日崇拜。此外……我們還從駐守其他地區的宣教師口中得知，一些出院的病人加入了其他地區的堂會。[10]

宮維賢想念宮依蕚和宮馬岳，於是決定向出院的兒童撰寫聖誕通函。寫給鄉郊的兒童時，他提及市內最新的發展：「寬闊平坦的道路、電燈、電話、公園、人力車、馬車和偶爾出現的汽車。」[11] 宮維賢寫信時，岳愛美則收到信件：她在休假期間，曾接受美國盲人基金會（American Foundation for the Blind）的記者採訪，這時終於出版了，刊於蜚聲國際的雜誌《盲人展望》（Outlook for the Blind）。本期的封面上，赫然是一幀「中國福州盲童學校」的相片。

> 本期的封面圖片是由宮維賢夫人提供的……她……應當受環球盲人工作者的讚許。她單人匹馬……解決了對許多盲人教育及訓練的棘手難題……她發現盲童能製作聞名遐邇的中國草蓆，將樣本帶到倫敦，並從英格蘭一家最好的傢

---

[10] 《慈愛與真理》，1916 年 7 月 1 日，頁 125。
[11] 宮氏的書信，1917 年 12 月，頁 1-8。

> 具批發公司獲得合約訂單,其過人的適
> 應力及旺盛的精力,可見一斑。買辦向
> 她明言,與其他同樣來自東方的產品相
> 比,盲童的出品更為優質。若不是因大
> 戰爆發,宮夫人必定能為盲童取得更多
> 訂單。[12]

收到這本雜誌後,岳愛美就定意着手寫一本小冊子,描述盲校的發展歷程、實際做法和目標。她基於曾經作過的報告和講座,再附加照片,便成了《福州靈光書院》(*The Soul-Lighted School of Foochow*)。這是岳愛美推廣盲校、籌謀將來發展的作品。[13] 她先敘述學校怎樣在東岱創校、她怎樣學習點字並將之譯成福州方言、怎樣將手藝融入男孩的課程大綱中。然後,她邀請讀者以昔日不起眼的草創階段對比今天的境況:

> 學校位於福建省會福州以北。此地風
> 景極美,春天桃花似錦。可惜,男孩
> 們看不到如畫的風光。進入校舍時,

---

[12] 《盲人展望》,第 10 卷(1917 年春),頁 4、42-44。至於這次巡迴的詳細記述,見於 Robinson, *Amy Wilkinson*, 94-149。

[13] 這本冊子最後如此定名,並由英國海外傳道會在 1920 年左右出版。

> 首先映入眼簾的是掛在大門上的一塊匾額，上面題着四個黑色的大字⋯「靈光書院」。許多中國人抬頭看這些字，就問：「這校為甚麼稱為『靈光書院』？」得悉書院的九十多名學生都是盲人時，就驚歎：「當真？」然後走到任何一位男孩面前，凝視他的眼睛，再說：「當真！」[14]

岳愛美邀請讀者想像自己是首次到訪的典型中國訪客，然後描述了學生的各級課程。

> 走進操練場，為數約六十人的銅管樂隊正在演奏《基督精兵歌》。他們發現你是中國人，就巧妙地變調至名曲《茉莉花》。然後，他們或以英中雙語唱四重奏，或以風琴伴奏。

> 此後，你進到一間教室，發現男孩雖然完全失明，卻能運用由普通英語改編而成的「首尾碼」系統，寫出口語或古典中文的句子。他們也能在 Blick 打字機上打英語，又能在特製的板上計算數學題。

---

[14] 宮氏，《靈光書院》，頁 2-3。

在幼稚園，你看見有一系列相隔二十碼的柱子，上面綁着電報線。稚子抓住電報線上的轉環，正在學習跑步。然後，這些小傢伙還會寓學習於娛樂，高高興興地踩高蹺、爬繩梯、溜滑杆、唱歌、步操、玩遊戲。

突然，有喇叭響起：「孩子們，來廚房門口吧！」。這些失明的傢伙馬上由各處飛奔而來，到達各自的專屬位置，便安靜地坐下。不過，一聽到「祈禱」這詞，就紛紛站立，雙手掩臉，敬虔地為日用的飲食感謝天父。作為儒教徒，你得知向「獨一真神天父」禱告的意義後，留下深刻印象……離開前，你問：「要供應這許多盲童的衣食和教育，資金從何而來？」並獲悉這一切都是憑信心的服事，全靠每天向天父祈求所需。你禮貌地鞠躬告辭，口裡仍喃喃自語：「奇哉，妙哉！」

是的，我們也深感奇妙：校內有九十五個男孩，分別由福建省不同的差會帶來，有些甚至遠道由新加坡來。但對中國人而言，還有令他們更驚嘆奇妙的

> 事：一直以來，儒、道、佛三教都對盲人不聞不問，任憑他們死亡、乞討、或算命維生。當他們看見這所學校，就認出這是基督宗教的果子，並知道這是愛的信仰。[15]

然後，岳愛美轉而聚焦於她安排男孩工作和學習背後的教育理念。

> 關於盲童如何開始學習，實在值得一談。讓我們轉眼看一個8歲的男孩：他一個月前剛剛來到學校，現正忙於將交纏的亞麻一縷縷的挑出，用左手拿着⋯當他學懂如何快速收集這些亞麻絲，就會坐到另一位用手將亞麻絲扭成繩的男孩旁邊，跟他學習同樣的技藝！這種亞麻繩和另外一種由短條海草製成的繩，在學校裡都有使用——前者用於蓆子的外圍，後者則用來綁好那些稻草製的床墊。我們每逢秋天都製作數以百計這樣的床墊。我們也可以售賣這些海草繩，數量不限，可用於捆綁茶葉包裝，或寄往澳洲來製作精美的椅子。如此一來，

---

[15] 宮氏：《靈光書院》，頁 4-6。

幼小的男孩沒有浪費時間，而是從一開始就在學校裡幫忙。掌握編繩後，男孩就會進入竹藝部，學習編製竹子。這些竹子已經切成等份，每條約寬半英寸。

男孩每天用半日學習手藝、再用半日讀書。八年後，他必須能夠製作一個完整的籃子或將編出蓆框，並且在一小時內編出至少一英尺半的蓆子。除了習得手藝，他還應已學懂幼稚園的動作歌曲、能唱歌、也許能彈奏風琴或管弦樂、閱讀、寫字、以及其他初小課程的科目。此外，他當然還會每天讀聖經和公禱書。通過考試後，他將獲得一紙證書，成為工人，從此自己賺錢、住在學校、自費衣食⋯

若有男孩想成為宣教師或教師，就要不再以手藝維生⋯ 進入高小部，受訓成為助教。目前，在畢業生之中，有一些是自力更生，有三位在佈道，一位在一所小盲校裡執教，一位是福音樂隊的風琴手，一位是在差會的興化醫院做助手。[16]

---

[16] 編按：興化醫院可能是指雷騰醫生在莆田辦的醫院（莆田古時稱為興化）。參本書第三章註腳29。

接着，岳愛美談及「操練」的好處。這些活動有助發展學生的動作技能、空間感和社交，對這些男孩：

> 頗有裨益。許多男孩初來報到時，都非常脆弱。現在他們學懂快步行進、像視力正常的孩子一樣進出，實在令人欣慰。
>
> 他們很愛踢足球，但遊樂場的地不平整，他們踢球時，球經常滾到街上，馬上就被人撿走。拔河比賽其實非常刺激，有時若有男孩太過投入，誤將繩子扭到陽台的柱子上，就連屋簷也會塌下來。他們也玩繩梯、爬杆、蹺蹺板等，但彼此相隔如此之近，令人擔心他們誤傷彼此。
>
> 還有其他遊戲，如：顏色遊戲，將一塊圖形的板分為許多三角形，分別塗上紅、藍、綠色。每個三角形都有兩根柱子，可以掛上與該三角形同顏色的掛鈎。將掛鈎拔出，放在一個籃子裡，距離木板大約十英尺。男孩要選出適當的掛鈎，跑到木板將之掛上。由於掛鈎各有獨特的形狀，所以男孩可以用手指辨識。他們每次都很快完成遊戲，旁觀的眾人往往驚詫男孩竟能分辨顏色。

此外,還有紅十字遊戲,是給幼稚園的小伙子玩的,為要讓他們了解甚麼是紅十字旗、槍械、木馬、和被「一個醫生兩個護士」陪同⋯⋯當「射擊」開始時,小孩就要大叫,假裝發射子彈。個別小孩會跌倒,然後紅十字男士就會過來,抬走傷者並為他們包紮⋯⋯

插圖26: 盲校的紅十字旗操

最後,岳愛美談及盲校獨特的一面。

我們的男孩大多數都喜愛音樂和唱歌。為方便他們學習,我們以英文點字來寫譜。我們由二弦的中國小提琴[17]開始,

---

[17] 編按:即二胡。

發現可以加上哨笛、口琴、一個中式鼓,便可彈奏樂曲。於是,我們便組成了哨笛樂隊。後來,我們再增加了一枝軍號和一枝短號。學懂短號之後,再獲得其他樂器時,便更易上手。樂隊間中會到訪各地,並且,或可說是成為了學校的活招牌。聽眾不但為樂隊的演奏能力而驚訝,更詫異於他們竟能做這許多事情。我們最大的冀望,是這些年輕的小伙子長大後,能「蒙召投身佈道之工」,進到鄉郊地區。也許他們會以教音樂和唱歌切入,招聚群眾,傳達福音的好消息。[18]

插圖 27:巡迴中的盲童樂隊

---

[18] 宮氏:《靈光書院》,頁 6-11。

1917年秋，岳愛美為銅管樂隊組織音樂會，足跡遍佈廈門、寧德、福寧、福安和連江等市鎮，亦遠至鄰省的汕頭和廣州。兩年內，樂隊演出超過二十次。許多學生和較富裕的中國人都來參加，這些人是區內福音工作難以觸及的群體。在福安，官員向岳愛美致送一個鑲銀的搪瓷杯，作為紀念。在連江之行，適逢岳愛美的胞兄岳斐勒（Fred Oxley）夫婦由澳洲遠道來訪，於是岳愛美和宮維賢便帶他們到東岱，舊地重遊一番。回到福州後，她為學生主動服務廣大社群而深感欣慰。

> 盲校一力承擔市內的一個小型主日學，盲童亦在鄰近村落的幾個主日學任教。他們也在差會的男醫院裡幫忙⋯⋯有個較年長的男孩回到新加坡，希望能做教師。[19]

1917年8月14日，中國政府對德宣戰，派兵十四萬到法國加入盟軍。此舉旨在政治表態，因為日本在北太平洋的影響力日漸增加，所以中國希望可以增加自己的談判籌碼。對於德國在中國山東省的佔領

---

[19] 《傳道會拾穗》，1917年7月2日，頁71。

區，日本早已垂涎三尺。對宮氏一家而言，事態的發展令他們再次想起在西線作戰的親友——包括岳愛美的兩名年輕姨甥駱約翰（John Oxley Norton）和勞約翰（John Row），還有宮維賢的胞弟宮賀瑞。宮賀瑞一直有幫忙照顧宮依蓴和宮馬岳。

11月下旬，岳愛美驚聞她摯愛的姨媽海伊莎因嚴重中風而癱瘓。兩個月後，她的死訊終於傳到福州。她彌留時，有一位馬斯登宣教訓練所的「老姊妹」坐在床邊，輕輕哼歌伴她進入天堂。岳愛美得知此事，這才感到安慰。[20] 1918年1月13日，岳愛美五十歲壽辰，可算是她個人的里程碑。按照中國習俗，自她到境以來，這才是第一個可以名正言順地慶祝的生日。此情此景，她發現原來自己很想再次回到澳洲。這樣，她就可應邀參加9月在家鄉舉行的岳氏家族百年慶典。鑑於她錯過了1914年的馬氏家族重聚日，宮維賢鼓勵她這次停留更久。

在8月初的一個涼爽的清晨，輪船徐徐駛入宏偉的悉尼港。岳愛美非常興奮，熱切期待去海邊的庫吉郊區（Coogee），住在胞妹岳蓓蒂（Beatrice）家中。除了聯絡盲校的支持者，她還想與散居全州的家人敘舊。她首先想回到兒時的家「卡邯山莊」，然後就與岳蓓蒂一起去哥必第聖保羅堂，看看母親和海伊莎姨

---

[20] Welch, *Amy Oxley*, 附錄2。

媽的墳墓，因為她錯過了二人的葬禮。基地之行，勾起了她與外祖父母、父親和長姊的許多回憶，並使她再思在中國度過半生的代價。

岳愛美載譽歸來，《悉尼晨鋒報》刊登了特稿和一張盲校的照片，題為〈教育盲童：宣教士始於一童現有九十五〉。[21] 她在悉尼逗留期間，表妹伊莎白從「達理薇」前來相見。闊別十年，往事紛陳，二人彷彿千言萬語都不足以盡訴衷情。當她們道別時，雙方都沒想到，這竟是最後一次再見。岳愛美和岳蓓蒂再在悉尼多留一會，便乘火車前往沃加沃加（Wagga Wagga）。這是一個地區重鎮，胞兄岳斐勒亦是此郡的工程師。休閒之際，她兩度在聖公會聖約翰堂演說，本地報章都強調她事工的廣泛意義：「她發現盲人很懂得教導其他盲人，並因而建議讓盲人教導退役失明的澳洲士兵。」[22]

隨後，岳氏兩姊妹乘火車北上，前往地區重鎮譚沃思（Tamworth），去參加岳氏家族慶典。她們中途繞道，途經新州的第二大城市紐卡素（Newcastle）。在此，岳愛美於一個跨宗派的宣教博覽會演講，並附以圖片解說，又與來自「世界各地的［宣教士］……

---

[21] 《悉尼晨鋒報》，1918 年 8 月 4 日，頁 13。
[22] 《沃加沃加每日廣告報》（*Wagga Wagga Daily Advertiser*），1918 年 8 月 26 日，頁 4。

讓在大後方的人都能認識遠方人民的生活方式。」[23] 到達譚沃思後,岳氏姊妹與其他同為百年慶典嘉賓的親人見面。慶典定於9月2日舉行,亦即老岳約翰發現當地河流的日子。在這河上,後人建立了譚沃思城。與會的,除了該州州長,還有岳家的六位後人,其中岳愛美是最赫赫有名的。慶典包括多次招待會、兩場公開晚宴、若干官方儀式、和一次兒童野餐。此外,會方還為發現者老岳約翰建了一座紀念碑,而是次活動的高潮就是其奠基石的揭幕禮。[24] 作為岳氏家族的代表,岳愛美「感謝譚沃思市民的盛情款待…〔和〕真摯的友誼。」[25] 會後,她下到南部高地(Southern Highlands)去找胞姊勞瑪麗(Mary Row),並到鮑勒爾鎮(Bowral)重遊故地。該鎮是她父親於1859年捐贈而建,她也在此有不少童年回憶。

岳愛美外遊時,宮維賢繼續在醫院工作,又放假回到鼓嶺的度假屋裡,隨心所欲,安靜閒適。

> 我心之所好,是在花園裡犁地除草,四野漫步,察看蕨類和蘭花,細聽峽谷和松樹的颯颯樂韻,喜迎來訪的鳥獸(或

---

[23] 《每日太陽報》(*The Daily Sun*),1918年8月28日,頁4。
[24] 《悉尼晨鋒報》,1918年9月5日,頁3。
[25] 《譚沃思每日觀察報》(*The Tamworth Daily Observer*),1918年9月5日,頁5。

是松鼠、或是松鴉、或是鷦鷹,也可能是貓頭鷹),遠眺群山綠水、欣賞朝暉夕陽⋯置身寂靜山巒中,彷彿使我更親近神。詩篇說:「我要向高山舉目,我的幫助從何而來」(詩篇一百二十一1),意境深遠。[26]

然而,這段期間有一個悲訊:邵寧開先是喪妻,幾個月後再痛失幼兒。宮維賢寫道:

> 可憐的寧開悲痛欲絕,一度幾乎失去理智。上帝使他平靜下來,及至翌日,在北門外山坡上的小型葬禮上,他相當平靜。[27]

此外,盲校也有四位少年因天花肆虐而逝世。由於市內騷亂,學校也只好暫時關閉,但有一些家境富裕的市民收留了近三十個離鄉別井的男孩。「在他們當中,有些人『離神的國不遠了』,行事步武基督,但仍難以真正認同基督。」[28]

---

[26] "A Summer in Foochow City," 1918, 6-7,伯明翰大學吉百利圖書館宮氏家族收藏。

[27] Wilkinson, "A Summer in Foochow City," 1918, 6-7,伯明翰大學吉百利圖書館宮氏家族收藏。

[28] Wilkinson, "A Summer in Foochow City," 1918, 5,伯明翰大學吉百利圖書館宮氏家族收藏。。

醫院創院二十週年之際，宮維賢欣然看到醫院「現在不但在這個中心城市享譽甚隆，而且也在本省北部的大部分地區口碑載道。」[29] 雖然在設備有限、財政有限、某些病人亦不同意某些治療方式，但仍無損醫院的聲譽。

> 這時正值西風東漸，福州市內處處可見中國與西方的鮮明對比。在大街上，既有身穿歐洲服飾的女士、亦有纏足的婦女，既有現代藥房、亦有傳統藥材店，既有汽車、亦有藤轎。在公共場合裡，有時會看到學生和知識份子在示威，他們反對西方，因而也間接地反對基督教。這些抗議活動助長了日漸強烈的民族主義情緒，迸發學生暴動，甚至促成了共產黨的誕生。這黨將於幾年內成立，並將在中國留下深深的烙印。

---

[29] Wilkinson, Letter to Supporters, 1919 年 12 月, 1。有關該年其他活動，參宮氏家族收藏第 2-14 項。亦見於同年發表的 "Abdominal Surgery"，收《博醫會報》（*China Medical Journal*），頁 1-6。

5 – 嘉禾勳章 （1915-1920）

　　1918 年 10 月下旬，岳愛美重返福州，苦樂交織。她在抵達學校後發現，席捲全球幾百萬人的西班牙流感也傳到了盲校，有六十名學生染疫。幸好醫院就在附近，才及時避免更嚴重的傷亡。11 月 11 日，停戰協定終於簽訂。宮維賢和岳愛美在醫院舉辦了一場感恩慶典，醫生、護士、醫學生和盲童都聚集在大英米字旗和澳洲南十字星旗下，為冀盼已久的和平感謝上帝。

　　停戰後的幾天內，岳愛美獲悉一件事：在她回澳洲期間，翰林學士胡先生（Mr. Hu，音譯）和福州大儒郭先生（Mr. Guok，音譯）大排筵席，邀請六十位市內官員、士紳、校長為座上客，想向民國大總統請願，要將「嘉禾勳章」授予岳愛美。這是外國人可得的最高榮譽，此前只有一位西人曾獲此殊遇。[30] 岳愛美知道箇中的程序可能經年累月，但已足感盛情。

　　在盲校，岳愛美最大的挑戰就是擠出空間來收容更多男孩。從以下故事，可見一斑：

> 有一個聰穎過人、頭腦靈活、體貼入微的男孩，年約十歲。他被帶到學校時，

---

[30] 那次獲獎的是美國公理宗海外傳道部（American Board of Commissioners for Foreign Missions，簡稱美部會）的夏詠美（Emily Hartwell）。她的教育事工備受讚許，其工業學校及孤兒院工作尤其出色。

> 我不得不對他說:「我們無法收留你,學校已人滿為患了。」(我其實已同樣地推辭了三十多位盲童)他可憐兮兮地回答:「就讓我睡在地板上吧,我睡哪裡都可以,只求你讓我進來。」他以為自己無法留下,就痛哭流涕,一想到要回家就苦不堪言。我還能怎樣呢?只好為他擠出空間來。當時,他不認識神,也未曾聽過關於神的事。現在,他已住了約三星期。有天,我和他談話,問他是否真的愛主耶穌。他說:「是啊,我愛。」我問:「但你為甚麼愛耶穌呢?」他半晌默然不答,我也默默坐着。然後,他說:「他愛我。」[31]

那邊廂,盲童樂隊巡迴各處,離開福州已有兩年。臨近尾聲,就在興化為新建的女校和男校作開幕表演。

> 這些孩子其實走了三天的路程,早已疲憊不堪,但仍精彩地演奏了一個多小時……樂聲一響,群眾便紛紛離席而起,簇擁圍觀。男孩們精神抖擻,身穿藍色制服,配戴紅色肩帶,帶上印着學校的名字。[32]

---

[31] 《傳道會拾穗》,1920年4月1日,頁87。
[32] 《傳道會拾穗》,1919年9月1日,頁124。

在廈門和汕頭,觀演的中國人成千上萬。籌款所得不但足夠樂隊平衡收支,還可供學校營運半年。

為準備宮氏一家的下一次休假,並為了盲校未來的發展,岳愛美委任了高凌霄牧師(E. M. Norton)擔任新校長。高牧師來自英格蘭,是英國海外傳道會的宣教士,曾在福州的三一學校任教幾年。他妻子伊迪(Edith)來自澳洲塔斯曼尼亞,曾到日本宣教。同時,宮維賢則安排中國同事陳醫生接手[33],在宮氏休假期間,管理柴井醫院。

1920年7月,岳愛美收到消息,福州眾領袖的請求已被批准,她將獲頒嘉禾勳章。《傳道會拾穗》以頭版報導:

> [這個] 成了一個公開場合,不但有盲校師生參與。市內的街道都張燈結綵,總督的樂隊巡行,綿延幾英里,把將要頒發的匾額緩緩示眾。基本上,當日場面非常盛大,過千賓客蜂擁而至,見證金質獎章和匾額的頒授儀式,衷誠致賀。
>
> 整個典禮中,重頭戲當然是致辭。三個儒學機構、兩個教育機構、總督兼督

---

[33] 編按:英文原版中這位醫生的姓氏為 Ding。參本書第三章註腳 27。

軍[34]、市長、商會主席等人都有致送賀牌。總督兼督軍頒了一枚金質獎章，又宣佈將會代表總統頒授一枚特殊的嘉禾勳章。在眾多致辭中，最末的是郭先生自己［那位儒學領袖］，這也是最令人印象深刻的。這位老人既感激又羞愧，一方面為無助的男孩深表謝意，同時又為這種事竟要靠外國人幫忙而無地自容。[35]

插圖 28：
岳愛美的民國褒章，這是岳愛美僅而倖存的勳章

---

[34] 編按：可能是指李厚基，於 1913 年領軍入主福建，1916 年 7 月任福建督軍兼任省長。下同。

[35] 《傳道會拾穗》，1920 年 11 月 1 日，頁 245。

5 – 嘉禾勳章（1915-1920）

無論這個圍繞岳愛美的場合多麼隆重，她總是念念不忘自己的孩子。於是，她拜託新任校長的妻子高伊迪和兒子泰迪，為宮依蓴和宮馬岳記述今次盛會。以下就是他們的描述，行文細膩、情節豐富、情真意切。

> 宮夫人是一位奇妙的女士，我想你們也已早知道，不須我多費唇舌。在福州，越來越多人都開始發現這點，我相信你們聽見也想必會很高興。
>
> 今早10:30左右，我們起程前往她家。我們首先留意到，整條大街都掛滿彩旗，是為了向她致意！我到達宮宅，看見一切都非常漂亮。大門上，佈置了常青樹和鮮花砌成的拱門；在當眼處，大英米字旗、星條旗和中國五色旗正隨風飄揚。花園裡，加設了大型的平台，上面有一個白色的大型遮陽棚……
>
> 你知道那個網球場的草坪。平台就在樹下的陰涼處，亦即小涼亭下面。在河傍陡坡上，放着椅子和板凳，草坪的末端則是中國女士的座位區。
>
> 畫室是用來接待官員和「大人物」，餐廳是招呼普通人，而書房則是招待女士

的。所以，你看，根本就無處吃午飯。你猜，我們結果在哪裡吃呢？在花園裡的樹蔭下，午餐也很豐盛⋯⋯宮夫人身穿蕾絲衣領的綠色絲綢外套，美麗動人。她相當緊張，因為她是全場的焦點，但她也極為鎮定，所有細節都安排妥貼。

宮醫生穿了一套奶白色的西裝，英姿挺拔。當天天氣很好，無以復加：陽光明媚，溫度適中。晌午過後，我們各人都心情愉快。

大約下午一時起，我就在女賓室接待訪客，有好些中國女孩都和我一起。我們全都配戴紅絲帶，上面有黑字寫着我們的職務。其他人則將各位女士由屋內領到花園的座位上。當然，男賓客也有特殊的接待員。我們就像一支小小的軍隊。

宮夫人的任務就是要安靜端坐，無所事事。對她而言，這樣殊不容易。但我可以如實報告，在大多數的時間，她都做得很好，落落大方。房子冷清下來了。我不必詳述所有的節目⋯⋯我只想告訴你⋯⋯最有趣好玩的部分⋯⋯

⋯⋯督軍樂隊的演奏。你們應該記得，

宮夫人曾在一年多前教過他們。嘿,但他們的樂器又再次**嚴重**走調,還要忘記旋律,於是,他們演奏英國和美國國歌時,連貓都在發笑。我們只是為了尊重國歌程序而站立。

……女盲童的演練。這些小不點從南台過來,表演各種可愛的幼稚園遊戲。她們起初含羞答答,我還以為表演會徹底失敗,但她們漸漸熱絡,渾然忘我,博得掌聲如雷。

……盲童幼稚園的演練表演非常出色,彩色手帕也非常漂亮。這些小傢伙穿上外套和相襯的長褲,深藍色的布上印有白色的花。

……年紀較大的盲童表演旗操,每個人一手持中國國旗,一手持盲校校旗。操演結束後,他們排好隊,唱起了中國國歌。

……盲童合唱團的英文歌和樂隊的表演都非常精彩,媲美於女皇音樂廳的音樂會。

下午的致辭,亦即你們母親的致辭,極為精彩,恰到好處,但我無法逐字逐句地複述。致辭被譯成普通話……福州方言只是用於非正式的場合。

> 節目結束後,**每一個人**都喝了茶。他們似乎有喝不完的茶葉。之後,大家就到盲校去看一看,然後就地解散……我走之前瞥見了你的母親——她容光煥發。[36]

在岳愛美後來的自述,她形容賀牌是六英尺乘兩英尺半,上面有漂亮的題字。一塊是「復還他者之缺,值得尊崇」[37],第二塊是「正大光明,扶危濟困」[38]。第三塊是民國總統用中文寫在金色的絲綢上,並蓋上印鑑:「該校榮獲政府此等褒揚,顯明中國之覺醒,感念其以基督之名而服務盲人。[39]」[40]

澳洲全國的報紙爭相報導岳愛美授勳的消息。其中一篇說:「據中國福州消息指,宮夫人剛剛榮獲中國政府頒授嘉禾勳章。」又補充指:「她與宮醫生聯袂赴英格蘭休假前,該省軍事及民政官向宮夫人頒發了一枚特殊獎章,表揚她的善行。」[41]

---

[36] Welch, *Amy Oxley*, 附錄 1 之前的三頁文件。
[37] "Those who restore to others that which they lack are worthy of great honor"。
[38] "Light, Clear, Brilliant, Help the world"。
[39] "It is an honor to the school to have received these marks of distinction from the Government, and their real value lies in the fact that they indicate the awakening of China to an appreciation of what is being done for the blind in Christ's name"。
[40] 宮氏:《靈光書院》,頁 5。
[41] 《沃加沃加每日廣告報》,1920 年 7 月 16 日,頁 2。

6
自東徂東（1921-1949）

　　岳愛美和宮維賢急不及待，想盡快去英格蘭看望子女。他們已經提早一年回英，但宮珍兒的來信令他們沉重不已。原來，由於宮賀瑞逝世，宮珍兒和母親驟然失去穩定的經濟支柱，而她們又不合符軍眷撫恤金的條件。況且，代為照顧孩子的五年之期已屆，宮依蕚已完成學業，宮馬岳亦即將進入中學。因此，他倆將要面臨重大抉擇。

　　透過宮維賢在醫療行業的人脈，宮氏伉儷成功在倫敦郊區的比更士菲（Beaconsfield）租了一所房子。他們雖然賣了鼓嶺的房子，但由於匯率不利，所以資金緊絀。他們很快發現，不能再與子女分離了。按子女的來信所言，自從宮賀瑞逝世後，宮珍兒對他們的管理日趨嚴格，宮依蕚思親情切，而宮馬岳則開始桀驁不馴。於是，為子女的緣故，岳愛美和宮維賢決定

不能再重返中國了。他們需要協助女兒求職做護士或保姆，並替兒子報讀學校，好預備他進入大學或投入職場。無論如何，這些都不可能在福州完成。因此，雖然宮岳二人仍心繫中國，但只好無奈請辭。

同年十月，宮維賢致函英國海外傳道會在倫敦和福建的委員會，以「家庭狀況緊急」為由，正式請辭。由於未有替補人選，委員會懇請宮維賢返回福州，但是他和岳愛美都覺得這是上帝安排的時候。翌年二月，差會的福建委員會復會時，就如此議決：

> 收到宮醫生的請辭，我們深表遺憾。宮醫生服務本會二十一年，一手創辦差會的醫療團，帶領其發展至今。他寬厚仁慈，深受眾人愛戴。作為外科醫生，他在其專業領域卓然有成，遠近馳名。我們祈求上帝永遠賜福予我們的弟兄，並深信他雖然不再與我們同工，但仍將繼續密切關注他創辦的事工，又相信他在大後方必使更多人關心宣教事業。

> 我們亦想將對宮夫人的深切欣賞記錄在案，因她為盲校貢獻良多，成就非凡。這事工由她創辦，並在她的帶領下極有效率。她的芳名必永遠連於這傑出的事工。

> 她的請辭是差會的莫大損失，我們衷誠盼
> 望她將來重返工場，繼續投身善工。[1]

深表遺憾的，不只是海外傳道會。3月時，醫學宣教期刊《慈愛與真理》（Mercy and Truth）的編委評論：「宮醫生醫術精湛，數以千計中國病人將永誌感恩；宮夫人愛心服事盲校，亦將永垂不朽。」

為確保經濟收入，宮維賢在比更士菲將前廳改為私人診所。接下來的一年，他大部份時間都為此忙碌，並因而承擔了可觀的債務。那邊廂，岳愛美實在難以適應全職主婦的生活，尤其是她在中國的日子常有傭人打理家務。於是，她決定向英國海外傳道會提議，讓福州盲校樂隊參與差會的展覽會。是次展覽將於倫敦舉行，主題為「非洲與東方」。差會接納了這動議，而且很快變成她的兼職工作：為這次巡迴演出擬定行程，安排場地、食宿和宣傳活動。

這是差會自大戰以來首次舉辦的展覽會，展期為5月17日至6月15日，假座伊斯靈頓的農業大廳（Agricultural Hall），場地非常寬闊。展覽後，便將巡迴英格蘭的其他城市。是次活動的目標，是要展示差會在非洲和亞洲各地的事工，從而顯明「現今宣教工作的價值」。盲校派出八位男生及兩位助手，一行

---

[1] Minutes of Fukien Conference, 1922年2月，收錄於宮氏家族收藏。

人於4月由福州啟程。從新加坡《海峽時報》的一篇文章,可見岳愛美為實現這個偉大願景而展現的組織能力。

> 盲校八子已經抵達英格蘭。他們是乘坐日本蒸汽輪船,取道蘇伊士運河。他們從未踏上這樣遙遠的旅途。每位男孩都是訓練有素的樂手,能彈能唱,英中兼備,而且英語都可算流利。陪行的有中國老師⋯⋯和一名為他們做中國菜的苦力。[2]

插圖29:英國海外傳道會
在倫敦農業大廳舉行的展覽會(1922年)

---

[2] 《海峽時報》,1922年6月6日,頁10。

是次展覽規模盛大，售票員多達五百餘位，而與會的群眾則多達二十五萬人次。會場的佈置，仿造了各地的場景：有非洲村落、有宣教醫院、有中國的街道、有印度賤民的村落，有可供乘坐日本的人力車，當然還有盲校樂隊。[3] 誠如報導的形容，中式佈景「擺設可裝滿四十輛貨車」，加上盲校的元素，箇中所需的組織能力實在非同凡響。

> 在中華街，來自福州「靈光書院」的盲童樂隊成員正在愉快地工作，製作草蓆和籃子。然後，我們在中式客房裡，聆聽他們的音樂會⋯⋯是次展覽非常精彩，礙於篇幅所限，我們只能記述趣味盎然的電影講座、服飾、佈景及其他景點。[4]

從展覽一開始，關於「中華街」的報導就引人入勝。正如倫敦主教所言：

> 我本只打算花十五分鐘，但結果現已逗留了三小時，並知道必須全盤修正自己對海外傳教的理解。展覽的前期推廣有介紹

---

[3] "Africa and the East", 1922.
[4] 《兒童新聞報》(*Children's Newspaper*)，1922年6月3日，頁2。載於 'Look and Learn Magazine,' www.lookandlearn.com。

中華街的各式擺設,實在吸引群眾:

> 這群小夥子是真實中國的一部分……你看見他們時,必須明白他們是中國成千上萬盲人的代表和象徵,一直求救無門、自生自滅。但主耶穌基督來到東方蒼生,臨到當中「患病的」和「失喪的」,眼前這些小夥子就是活生生的見證。他們從前不蒙接納、備受忽視,如今被照顧、受教育,正是真真正正地得蒙拯救。

> 他們又彈又唱,樂曲有英有中。就我們所見,廣大觀眾都擊節讚賞……宮夫人深盼英國觀眾在傾聽這些年輕人的音樂時,能夠理解並感受到所唱之福音的力量。他們的歌曲也確實在腦海中縈繞。

> 宮夫人創辦盲童學校,行善步武基督,又親自為這群身在我國的可愛小夥子作監護人。她的嘉言懿行,實在是基督宣教事工的有力論據。[5]

---

[5] Guage, "Remarkable Missionary Exhibition", 載於《聯合衛理報》(*United Methodist*), 1922年5月, 頁248。

插圖 30: 岳愛美在英國海外傳道會展覽上
觀見瑪麗皇后（1922年）

    展覽為期有一個月之久，但對岳愛美來說，5月30日實在是高潮，因為得以觀見駕臨會場的瑪麗皇后陛下。皇后陛下為中式擺設而着迷，問及盲校和樂隊的事工，又讚揚岳愛美的不懈功勞。她對盲童的音樂才華和手藝深感興趣，特別是他們織草蓆的技術。當岳愛美代表盲校呈獻其中一張草蓆時，她親切優雅地接受了這饋贈。[6]

---

[6] 載於《每日快報》（*Daily Express*），1922年7月31日，及《傳道會展望》（*Church Missionary Outlook*），1922年7月，頁149。

───────

　　那邊廂，差會的福建委員會致函宮維賢，敦促他盡快返回中國。原來，他的繼任人陳醫生意外去世[7]，而委員會一直找不到替補人選。宮維賢回覆指自己實在無法勝任，其中一個原因是因為他已為診所承擔一項債務。於是，委員會就向倫敦差會的醫療團施壓，請他們協助解決問題。醫療團願意為宮維賢提供每年一百英鎊，為期五年，以抵銷他的債務。不過，他對福建一事仍毫不含糊。

> 雖然難以啟齒，但我謹代表我妻子及我本人，無奈再次說「不」……我們極為感激你們致力……紓解我們的財政壓力。然而，問題遠不只於財務。在我們看來，所牽涉的事似乎根本無法解決。我們明白福州的迫切需要，也對彼方的同工深表同情，但我們看不見任何指向中國的亮光。[8]

---

[7] 編按：醫生的姓氏於英文原版為 Ding。參本書第三章註腳 27。
[8] 這兩份文件都收於在宮氏收藏。

對岳愛美來說，展覽會只是一個起點。接下來的五個月，她將巡迴五千英里、走訪英格蘭一百三十個大城小鎮。這些活動通常都在大型公共場所舉行，例如市政廳（包括巴斯著名的大水泵房）、公園、花園、碼頭，偶爾也假座大教堂和小聖堂。音樂會有下午的也有晚上的，小童和成人也各有專屬的演出。每次演出前，該區的報章都會事先公告，事後亦會有詳盡報導。

他們主要以大巴車（charabanc）代步，這是一種十二座位的大型開蓬車。至於住宿，則由當地富裕的差會成員提供，有一次甚至住在一位主教的寓所。巡迴之旅由北部的卡萊爾市（Carlisle）開始，取道中部地區（Midlands）、威爾斯（Wales）和德文郡（Devon），最後南至肯特郡（Kent）和南岸（South Coast）。途中到訪的城市包括桑德蘭（Sunderland）、約克（York）、德比（Derby）、格洛斯特（Gloucester）、切爾姆斯福德（Chelmsford）、巴斯（Bath）、布里斯托（Bristol）、艾希特（Exeter）、巴恩斯特珀爾（Barnstaple）、黑斯廷斯（Hastings）和多佛（Dover）。[9]

《多佛快報》的報導最為全面地記述了典型的演出情況，題為〈中國盲童音樂會〉。[10]

---

[9] 編按：文中地名之港澳譯名分別為德雲（Devon），新特蘭（Sunderland），打比（Derby），告羅士打（Gloucester），湛士福（Chelmsford），巴芙（Bath），雅息特（Exeter）。
[10] 《多佛快訊》，1922 年 7 月 21 日，頁 14。

週一晚上，市政廳人頭湧湧，要聽中國盲童樂手的演出。他們來自福州，就讀宮夫人在二十五年前創辦的學校。她帶樂隊來英格蘭，推廣這項成就非凡的宣教工作。

市長……表示，有幸歡迎中國的失明小伙子來到多佛，深感欣慰。他又指，觀眾若留意到這些小伙子根本看不見所彈奏的樂器和樂譜，就必深有同感……他們能夠讀書識字，走向世界，自力更生。有些人甚至已結婚生子……［人們］捐獻支持海外事工後，鮮有機會親眼看見善款的成果。因此，能夠出席當晚活動，他們非常感恩。最後，他熱烈歡迎男孩來到多佛（掌聲）。

宮夫人表示，非常感謝他們對男孩們的接待，又指能夠來到多佛古城，實是莫大的殊榮和榮譽。

接下來的節目精彩絕倫。宮夫人解釋各種教學方法，更是使人興趣大增。一開始的中國鈸令觀眾不知所措，但即或有任何疑慮，都迅即在進行曲《雙鷹》（The Double Eagle）的鏗鏘樂韻下煙消雲散。接下來，樂隊以英中雙語朗誦了

詩篇二十三篇,同樣好評如潮。英文朗誦者字正腔圓,可見他們在校的訓練何其優良。緊接的環節,是中文聖詩《不戀世福》(Lord, I care not for riches)和弦樂演奏《惡有惡報》(Unkind friends receive a bad reward,意譯),都同樣精彩。有位男孩情感真摯地以風琴演奏《白衣成隊何方神聖》(What are these arrayed with white,意譯),贏得滿堂掌聲。一曲短號獨奏的《基拉尼》(Killarney)表現頗佳,英語四部合唱的《你心靈是否安寧》(Is it well with thy soul?,意譯)亦很受讚賞。

插圖31:巡迴英格蘭的盲童樂隊(1922年)

> 市長呼籲大家慷慨解囊，並指宮夫人的致辭有一點他頗為贊同：他們有機會與中國進行貿易……［而］不只是利己，亦能使中國有所裨益。
>
> 募捐時，樂隊演奏了進行曲《哈勒城的男人》（Men of Harlech）。之後，宮夫人介紹了男孩所學的手藝和他們在校的某些訓練，並展示了一些他們製作的草蓆。皇后陛下也收下了一張這樣的草蓆。
>
> 布朗牧師（E. E. Brown）感謝市長和市長夫人的出席，也感謝樂隊提供如此精彩的演出。他深信聽眾都因所見所聞而感動，又叫大家再次為男孩鼓掌。
>
> 應一位聽眾的要求，結束時又唱了聖詩《我心靈得安寧》（When peace like a river）。[11]

按照其他報紙的記載，當地貴族和專業人士都有列席。對晚會的評語往往是「歌聲美妙」、「樂器新奇」、「精湛演出」和「經文朗讀令人印象深刻」等，報導亦經常形容「來賓眾多」、「高朋滿座」、「掌聲滿堂」、以及「熱烈回應」。另外，也提及個別環節，

---

[11] 當時，觀眾臨場的參與並不罕見，在大型聚會也是如此。

如：當有位男孩唱出「我越過沙洲後，必見我舵手的面」[12]，據悉就令聽眾泛起深深的「感染力和同情」。與會者等待在聚會結束後與樂隊會面，「在他們離場時為他們歡呼」，並指這些男孩「失明卻有靈光，是基督信仰之力量的鮮活見證。」

1923年1月29日，在倫敦的女皇音樂廳舉行了告別音樂會，許多英國海外傳道會的支持者和展覽會的招待也有出席。對他們來說，「在中國龐大需要和奇妙機遇的背景下，再一次突顯了整個世界的需要⋯⋯及每位基督徒都可參與的事奉人生。」[13]

盲童的巡迴使岳愛美筋疲力盡，但同時也是天賜良機。在英格蘭各地，許多人都親身體驗到宣教的重要性，而男孩則增強了以英語演出的信心、進一步學習如何為鋼琴調音、還學到製鞋和按摩等新手藝，可以帶回盲校繼續承傳。演出的門票收入，足以令盲校的財政變得更加穩健。二月初，當她終於要與樂隊道別，岳愛美不禁猜想，將來還可否再見到她的「中國男孩」？這群小伙子當中，有些是她的第一批學生，其他的她也親自教過。當他們在碼頭作最後禱告時，各人都心情沉重。

---

[12] 編按: 語出英國詩人丁尼生（Alfred Tennyson）的詩作《越過沙洲》（Crossing the Bar）。
[13] 《傳道會展望》，1923年3月1日，頁60。

回程時，由於要在香港等待渡輪，於是樂隊就在九龍再次演出。駐福州的澳洲宣教士孟筱思（Nellie Matthews）的記述，讓我們得窺這趟英格蘭之旅對盲校的意義。

> 樂隊從英格蘭返抵福州時，盲校上上下下都興奮莫名⋯⋯每次郵差來訪，都帶來英格蘭朋友的信，有些是以英文點字寫成。當然，盲童可以運用打字機或點字，自行回覆所有信件⋯⋯男孩們深感英格蘭人的盛情，又說：「這些人對我們這樣友善，實在不是因為我們的音樂、不是因為我們彈得好或唱得好。不，與他們英格蘭的音樂相比，我們的音樂和歌唱根本不值一提。他們實在是因為真正地受教於基督信仰，視我們為弟兄，才會這樣愛我們、善待我們。」[14]

盲校喜氣洋洋，卻與中國當時的整體社會和政治發展形成鮮明對比。早在岳愛美和宮維賢離開時，反

---

[14] 如前註，頁 56。

西方的排外運動已經萌芽。此時，大學生的動亂和共產黨的冒起，令這些浪潮更形高漲。而且，雖然共產黨加入了孫中山領導的國民黨，但雙方關係並不融洽。另外，經濟不景、糧食短缺，亦令社會更為不穩，1924年的福州事件便是一例。局勢如此，盲校於是就倚靠差會由英格蘭寄來的糧食補給，又收到澳洲教會和學校的捐獻。[15] 由1926年開始，福州就迸發一系列的大規模示威，有時更演變為暴力事件。其中，有些是由學生主導，他們都是就讀三一學校等教育機構；另一些則由外省士兵發起。風雨飄搖之際，舊城區的幾個基督教組織都遇襲，盲校也不例外。

> 學校遭洗劫當天，士兵三次前來，但盲校師生是這樣招架的：男孩們勇敢地站在大門周圍，每當有士兵來，學生長都早已準備就緒（他有一隻眼能看見）。他向士兵保證，校舍內沒有外國人。他說：「你看，我們全都雙目失明、一貧如洗。我是這裡的負責人——根本沒有外國人。你若想進來，請選幾位進來——我不能讓你們全部進來——我可帶你們遍察校舍。」……他們檢查了校

---

[15] 更多報導，見《太陽報》1924年10月31日，頁14；《紀錄報》（*The Register*），1924年9月15日，頁12。

圍的每個角落,看見根本沒有外國人、也沒有外國人的物件,就離開了。離開前,他們對學生長說,若發現這裡有任何外國人,就會殺死他。[16]

翌年年初,有更多暴力事件發生。盲校被洗劫一空,建築被毀,學生被逼露宿街頭。當時,學校的臨時校長和他的妻子也在現場,但僥倖逃脫。五月初,士兵再次參與搶掠,又洗劫了一些基督教機構,柴井醫院的醫護宿舍都不幸遭殃。由於局勢動盪,宣教士都從福州撤離。福州的司令官先後拘捕了兩百名煽動仇恨宣教士的滋事份子,並將他們處決。[17] 這段期間,醫院由中國職員全權主理。及至1928年初,情況安定下來後,醫院和學校都恢復正常。醫院啟用了新的建築,而學校則搬到了西式醫學大學裡。此時,高凌霄牧師已回校擔任校長,曾在英格蘭巡演的八名學生全都在校任教。[18]

---

[16] 《每日快報》(新州格里菲斯市),1927年5月21日,頁2。
[17] 《太陽報》,1927年1月29日,頁1。
[18] 關於這兩件事,分別見新加坡《海峽時報》,1927年2月4日,10;和《悉尼晚報》,1927年5月11日,頁9。至於這段時期醫院的整體發展和進展,見鮑德溫(Baldwin)的報告:*The Mission Hospital*,1928年11月,頁292-94。

> 1925年，孫中山去世，蔣介石將軍獲委任為國民黨的領袖。在他的影響下，共產黨的一個小分支在兩年後脫離國民黨自立，並將基地由城市轉移到農村。蔣介石的軍隊由廣東北伐，要擊敗那些統治中國北部的保守軍閥。他們途經福州，在激戰後獲勝。他們以南京為新的首都，以蔣介石為國家的新領袖。蔣氏立法，要求將學校和醫院收歸中國人之手。在他那受西方教育的妻子幫助下，他成功取得幾個西方國家的支持，並加速了中國現代化的進程。

1930年春天，岳愛美和宮維賢驚聞惡耗：漢理英（Eleanor Harrison）和念懿德（Edith Nettleton）被一些與共產黨有關的土匪綁架了。這兩位都是宮氏的朋友，是差會派駐福建北部山區辦學的宣教士。英格蘭和澳洲的報紙都有報導，但記載的內容並不一致。她們是沿閩江前往福州時被俘，綁匪要求十萬元的贖金，又在協商後減至五萬元。差會表示願意以黃金支付部份金額，並透過英國領事館居中傳話。

談判過程中，這兩位花甲之年的女士身心飽受折

磨。她們被四個綁匪全天候守著，不斷恫嚇說她們將難逃一劫。綁匪得知差會不願支付全額，就砍斷念懿德的一根手指，送到福州，以證名兩位女士尚在人世。之後，他們也不等差會的回覆，直接在9月1日開始，對漢依蓮和四個中國人質展開漫長而莫須有的刑訊，最後將一個中國人槍斃、三個中國人斬首。綁匪等待差會回覆之際，就暫緩處決漢理英，但威脅念懿德說，若不支付全部贖金，就會面對同樣下場。不久之後，贖金還未及送抵，兩位宣教士就被帶到山邊一個荒廢的小房，被斬首處決。據悉，這是因為綁匪認為英國領事館是在耍詭計，所以才殺死二人。綁匪更留下書信：「爾等洋人，入內者即槍鋼處決」[19] 後來，人們找到兩位的遺體，將之帶回福州，安葬在古田教案的殉道者旁邊。[20] 遠隔重洋，岳愛美讀到這些新聞，不禁追憶如泉湧。

———

計劃盲童樂隊的巡演時，岳愛美曾經多番聯絡倫敦的英國大使館。所以，官員發現她的語言能力之後，

---

[19] 《奧爾伯里標題報》(Albury Banner)，1930年12月19日，頁34。
[20] 參陳智衡：《紅火淬煉：近代中國基督教政教關係史1911-1952》（香港：建道神學院，2016），頁98-100。

就經常請她幫助前來求助的華人，幫他們明白和填寫不同的文件、尋找工作、和使用社區現有的服務。

> 由於東印度公司從中國進口茶葉、絲綢和陶瓷，令住在倫敦的華人人數大增。這些永久居民通常來自中國南方，在香港簽約成為船員，再在倫敦離船上岸，打算努力工作、寄錢給家鄉的族人。及至十九世紀末，他們已在灰岩樓（Limehouse）和潘尼段（Pennyfields）的碼頭區定居，聚居在諸如廈門里（Amoy Place）和明街（Ming Street）等街道上。他們許多都開設商舖、餐館和洗衣店等正當行業，也有從事不太光鮮的勾當，即水手最愛流連的妓館、賭檔和鴉片館。他們多數人的妻子都留在中國，因此往往與英國女性同住。然而，這些女性也知道，一旦與外國人結婚就會失去公民資格，所以只是同居。許多水手在浮游於不同船程之間時，都以倫敦為基地；[21] 到倫敦留學的中國學生亦與日俱增。

---

[21] "The Chinese in Britain (United Kingdom) History Timeline," Zakkeith.com。（2015年8月查閱）

插圖 32：1930年代，東倫敦灰岩樓的華人

　　岳愛美深信，神正為她開闢一條服事華人的新路。透過大使館的介紹，她認識了倫敦東區的華人群體。「自1923年以來，我花了很多時間服事華人，有些是透過大使館認識的、也有些是學生——當然，還有華裔船員、他們的妻子和家人，也有在英國娶妻生子的家庭。」[22] 接下來的六年，岳愛美除了逐一家

---

[22] 宮氏，貝里瑪歷史學會（Berrima Historical Society）藏，編號不詳。

訪，還在潘尼段租了一個地方會堂，開辦英語班、兒童俱樂部、童軍和幼童軍、主日學和崇拜。為此，岳愛美似乎從大使館和倫敦華人佈道團（London Chinese Evangelical Mission）[23] 獲得少量津貼。她的其中一個成功之道，在於她訓練了一隊義工。及至 1930 年代初，她每年接觸的人數已達三千，有男有女、有長有幼。事工增長迅速，於是佈道團就在高爾街（Gower Street）租了兩間更大的房間，岳愛美週日就在此講道。許多人都因事工的服務和岳愛美的個人關係而決定受洗。[24]

家庭方面，宮依尊在 1930 年去了印度，為一個駐印度英軍的家庭當保姆，宮馬岳則開始擔任實習經理。岳愛美和宮維賢決定搬到伊靈（Ealing），因為比較接近宮維賢在富咸（Fulham）的新診所。此後，他們的家接待了許多華人。

> 有些……會來見我。有華裔的學官下船後，會在我們家住一天一夜。（有一

---

[23] 編按：實際中文名稱不詳。組織有可能是由一位「陳牧師」（B. J. Tan）創立。詳參 Stephen Davies 的專文〈The Parallel Worlds of Seafarers: Connections and Disconnections on the Hong Kong Waterfront (1841-1970)〉，收錄於 Elizabeth Sinn 及 Christopher Munn 編：《Meeting Place: Encounters across Cultures in Hong Kong, 1841-1984》（香港：香港大學出版社，2018）。

[24] 宮氏，貝里瑪歷史學會（Berrima Historical Society）藏，編號不詳。

次）有位華裔雷達官在我們家住了三個星期。有位甲板管事一直向我通報他靠港的日期，從波斯灣、香港、新加坡、上海、西澳、塔斯曼尼亞，最後到悉尼——我寄書給他，他寫信給我，有時還寄米給我，好讓我能給來訪的華人朋友吃。[25]

此外，還有一連串的中國內地會宣教士，都在岳愛美的家住了較長時間。他們或是將要赴華、或是休假述職，有現役的、也有新入職的。其中，有岳愛美在高爾街宣教中心的助手，朱佩儒（William Drew）。

宮維賢平日在診所執業，週末也會到宣教中心幫忙。在唐人街也有鴉片成癮的問題，因此偶爾會需要他的豐富經驗。大約在這時候，與英國海外傳道會有關的吉利得醫療團（Gilead Medical Mission）向宮維賢招手，問他會否願意在斯皮塔佛德（Spitalfields）的傅尼爾街（Fournier Street）診所為猶太人義診。在1930年代，該區的住戶都是較貧窮的猶太工人。猶太群體的領袖強烈地反對醫療團的工作，尤其反對他們接觸婦女和兒童，因為有些婦孺有興趣參加他們的週間聚會。然而，東區實在因大蕭條而走投無路，於是這些領袖唯有對福音事工佯作不見。在芸芸製衣企業

---

[25] 宮氏，貝里瑪歷史學會（Berrima Historical Society）藏，編號不詳。

之中，醫療團有如鶴立雞群，在正門上塗着「耶書亞說，我是道路、真理、生命」。

與此同時，宮依蓴在印度初嘗自由之味，迅速適應了派駐外地的生活，享受着孟買的旅行和社交生活。抵埗不久，她就認識了謝斐. 赫澤頓（Geoffrey Hazelton）：

> 一位非常年輕的英國陸軍軍官，應邀出席一位指揮官家裡的茶會，並被指示穿上網球服。他在下午稍晚到達，覺得又熱又緊張。他被帶到球場時，看到一位年輕女士正在打球。他驚為天人，說：「她就在那裡，嬌小玲瓏、紅髮如火、笑聲不絕。」不久，他就向她求婚，而且不得不轉投另一軍團，因為他原本的軍團不准年輕軍官結婚。[26]

他們的婚禮在 1932 年 11 月於倫敦舉行。一年後，宮馬岳娶了戴莉詩（Elizabeth (Betty) Trace）。同年，宮依蓴和赫澤頓的長子彼得出生，岳愛美和宮維賢榮升祖父母。宮馬岳和戴莉詩幾年後誕下一女，取名為舒娜（Shuna）。岳愛美很享受弄孫為樂的時光。

---

[26] 韓路得（Ruth Oxley Horne）在一封私人信件提及這段往事。她是宮依蓴的孫女。

1930年代，岳愛美和宮維賢不斷收到有關中國的消息。他們聽說在蔣介石的領導之下，福州的生活變得安定，便感到鬆一口氣。福州開設了一個廣播電台，然後不出幾年，市內家家戶戶都有自己的無線電收音機，連盲校也獲贈一台。[27] 盲校偶爾也會獲邀到電台，錄製一個有宗教內容的音樂節目。每年聖誕節，電台都會在福建全省內播放特別的報佳音和講道節目。

柴井醫院早前風波不斷，但現已改名為基督醫院，並繼續擴充。現在，醫院有幾位醫生、更多護士、還有兩位新聘的助產士。1933年，倫敦差會屬下醫療分會在年會上指，綜觀該會在全球的五十四所醫院，中國的護士培訓是最優良的。另外，有四所醫院因治療肺結核的先進技術而備受肯定，基督醫院也是其中之一。[28] 作為這些範疇的開荒者，宮維賢深感欣慰。[29] 又過了幾年後，宮岳二人從兩位朋友的來信得知，福

---

[27] 《傳道會展望》，1934年12月，8 及《東拓》1933年12月，186。幾年後，學校也收到了供教會使用的新聖詩冊，見《東拓》1937年7月，頁108。

[28] 《新自由西報》（Singapore Press and Mercantile Advertiser），1933年5月29日，頁12。

[29] 也有人建議，指中國的盲人教育應該更標準化、專業化。見 Wong, *And There Was Light*, 58 及其後。

建的新生活欣欣向榮。這兩位分別是聖公會現任主教和盲校的前任校長。由古田教案至今,基督徒在數十年間飽歷滄桑,但現今的福建,有更多精英份子和未得之民得聞福音。[30]

插圖 33: 岳愛美佩戴嘉禾勳章及民國褒章(1930年)

岳愛美和宮維賢繼續接待福建的舊識。每隔幾年,就有些從福建休假的差會宣教士、與盲校或醫院事工有關的人、或者與他們關係密切的同事來訪。其中,有本書作者的姨婆伍蘇菲。1937年10月,她與另一

---

[30] 分別見於《傳道會展望》,1935年10月,頁1-2 及 1937年3月,頁49-51。

位差會宣教士翁美安（Marion Onyon）一起拜訪岳愛美。關於岳愛美在倫敦的華人事工，鮮有一手的敘述。以下簡短書信，便是一例：

> 我們在晚上七時半下車。宮夫人來接我們，我們的確很欣賞她的助手們。有個友善而認真的年輕人，是幼童軍團長，領導童軍表現出色，現在已服務三年了。幼童軍的隊員幾乎都是混血兒和水手的孩子。之後，就是與童軍會面。我們認識了來自寧波的華裔宣教師陳先生。他太太是英格蘭人，也服事婦女和兒童。來到唐人街，看見滿牆的中文字，感覺很好。但我必須告訴你：我們足足花了超過一小時才回到家，而原來宮夫人平常的交通往返就是花一個半小時坐地鐵和公車——她仍是一如既往的滿腔熱忱、幹勁十足，而且深愛那些男孩。星期天，我們在家裡度過了一個愉快的下午，認識了三位華人學生（分別攻讀英格蘭史、新聞學和哲學，都很聰明，我們相談甚歡）。另外，還有一位生於牙買加的華人（不會說中文），已在利物浦當了四年護士，現職於倫敦一家醫院；又有一位來自新加坡的林太

太,年輕貌美,她的丈夫是醫生——兩人都舉止大方……我們喝了茶……然後我們就埋首工作:捲繃帶。這是為了幫助中國,也是為了回應蔣介石夫人的求救。看見這些年輕男士捲繃帶,這畫面實在非常動人……之後,我們一同去了附近的浸信教會。宮夫人說,這裡的講道忠於福音。學生們不都是基督徒。[31]

當時,日本剛剛攻擊了福建。在信中,伍蘇菲也提及華人的擔憂。

> 1937年7月,日本軍隊在北京附近不宣而戰。一個月後,中國政府下令驅逐幾個城市的日本僑民,福州也在其列。國民黨人和共產黨人組成人民陣線,合力抵抗侵略者。日本佔領了幾個北方的城市,包括北京、上海、和首都南京。數以萬計的無辜平民慘遭殺害,這場恐怖的殺戮被稱為「南京大屠殺」。

---

[31] 1937年9月29日的信件,班氏家族(Banks)收藏。

1938年5月，日軍攻陷廈門，附近的福州也受到威脅。6月初，日軍在閩江口擊沉三艘中國炮艦，炸毀了羅星塔錨地一帶的海軍營房、造船廠和醫院，並佔領了該區。[32] 宮岳二人想起在福州的各位前同事、盲校學生和醫院的病人，自然焦急如焚。

然而，他們很快就要面對更逼切的問題。戰爭的頭幾個月，彷如「暴風雨前的寧靜」，但第一枚炸彈很快便落在倫敦市中心。他們的生活翻天覆地。德國的戰略轟炸（the Blitz），一方面想令英國民心潰散，從而為德軍入侵鋪平道路，另一方面亦是針對碼頭和附近的倉庫、鐵路沿線、工廠和發電廠，企圖以此癱瘓全英的貿易。由1940年9月至1941年5月，德軍共拋下25,000噸的炸彈，幾乎將倫敦東區夷為平地。大多數華裔居民都被逼搬到幾英里外的蘇豪區。岳愛美華人事工的最終章，就此開始。

風雨飄搖之際，宮依尊生下了次子大衛，岳愛美和宮維賢再添一孫。當時，赫澤頓正在巴勒斯坦作戰，而宮依尊則與其他軍眷一起，被安置在南非。大衛在南非出生後，岳愛美等了三年才見到他。那邊廂，十一歲的彼得卻與祖母一起住在普特尼（Putney）。按照他的憶述，他有一次與岳愛美前往蘇豪區的一家

---

[32] 關於這一時期，參 Hackett, "Imperial Japanese Navy and China"。

中餐館，岳愛美進門時，所有職工和食客竟都馬上肅立起敬。另一次，德軍的炸彈落在他們家的旁邊，岳愛美跪在地上祈禱，他卻想揭開遮光窗簾向外偷看！[33] 與此同時，日本軍機在福州盲校和基督醫院附近投擲炸彈，所幸無人死亡。不過，戰爭後期，盲校和醫院都被洗劫一空，建築嚴重受損。[34] 直到 1945 年 5 月日本投降後，福州才終於重歸和平。

在二戰的尾聲，岳愛美承受多方壓力：戰火綿延令人疲於奔命，加上她幾乎所有兄弟姊妹和大部份朋友都已離開人世。而且，宮維賢的身體也大不如前，及至 1946 年，更出現阿茲海默症的病徵。從此，岳愛美片刻不能離開家門。為了幫助父母，宮馬岳與妻兒搬到伊靈市中心，一家三代同住在一個三層的居所。這個安排效果如何，我們無從得知。不過，在 1948 年底，宮馬岳在倫敦服務的珠寶公司邀請他去悉尼擔任管理層。這新職位既有長遠的前景，他於是選擇接納澳洲政府的援助政策，與妻兒移民。

及至 1949 年初，八十一歲的岳愛美身心交瘁，而且倍感孤單，因為宮依尊和赫澤頓仍在外地。他倆這次身處香港，赫澤頓獲頒大英帝國勳章後，在軍隊榮升要職。及至 3 月，岳愛美確診末期肝癌，必須立

---

[33] 這些故事是由他的女兒韓路得口述。
[34] 張光旭主教的報告載於《傳道會展望》，1945 年 10 月，頁 3。

即接受紓緩治療。她別無選擇，必須前往伯大尼寧養院，院址與唐橋井（Tunbridge Wells）略有距離。在她臨終幾週，仍念念不忘她那中國的盲校，擔心它前途堪虞。共產黨曾經威脅要消滅基督教、驅逐宣教士。若他們獲勝，男孩們便可能飽受逼迫，曾經逗留西方者更是堪憂，甚至連盲校也可能要關閉。

6月6日，岳愛美與世長辭。她的葬禮在唐橋井公墓的聖堂舉行，並在附近落葬。《福建新聞》刊登了以下的「悼文」：

> 自上一期刊印以來，福建教會的一位傑出人物魂歸天國。宮岳愛美致力服事盲童與盲人，因而聞名於各方朋友及支持者。她出於憐憫而在連江創辦的盲童學校，如今已是福州市頗具規模的機構，這實在是她生命的輝煌見證。更難能可貴的是，她深受許多盲童和盲人的愛戴和敬重。他們從前苦不堪言，但生命都因宮岳愛美女士的事工而得以扭轉，如今變得喜樂又積極。她耳際必定縈繞主的話：「這些事你們做在我弟兄中一個最小的身上，就是做在我身上了。」[35]

---

[35] 《福建快報》（*Fukien News*），1949年11月4日，頁4-5。所引經文出自馬太福音二十五40。編按：《福建快報》並非公眾報刊，而是聖公會福建教區的英語通訊報。

岳愛美下葬後，宮依蕁安排父親入住溫斯康比護老院（Winscombe Retirement Home）。該院位於傑拉達十字（Gerrards Cross），是為醫生設立的，所以，她知道父親必能得到妥善的照顧。此時，赫澤頓已經決定退役，受訓擔任聖公會的聖職。他將要入讀的神學院，也是在養老院附近。[36] 這段期間，宮維賢經常回顧他在中國事工的貢獻。他讀到英國海外傳道會秘書長的文章，題為〈回顧與前瞻〉，並深感安慰。他指，對於福建發生的事，實在不必灰心喪志。這是一個機會，讓當地的信徒表明自己的信仰是道道地地的、是屬於中國本土的，而不是西方舶來的。「你看到嗎？這豈不與報紙上的中國新聞絲絲入扣？這甚至可能是神計劃的一部分？」[37]

這與 1950 年張光旭主教在福州基督教工作百年會議上所說的話遙相呼應。

> 當你們想到，多年來艱苦經營的事業似乎要付諸流水，恐怕心情都會很沉重。就此，我們想說幾句話⋯⋯宣教士已經在我們當中經營一百年了，若是我們無法控制的外力令這些事工結束，這並不

---

[36] 此舉是受香港聖公會何明華主教（Ronald Hall）的影響。
[37] 見《傳道會展望》，1950 年 7 月，頁 8；和《福建快報》，1949 年 11 月，頁 10。

> 是結局。因為,仍然健在的,除了有你們
> 所建立的,還有那份盡可能使我們所有人
> 都真真實實地繼續與你們相連的決心。[38]

宮維賢想到將來時,這些話使他心得安慰。1951年11月18日,他與世長辭,終年八十六歲,葬在他的愛妻、四十七年的同工旁邊。兩人的墓碑狀似聖經,並排而立,象徵兩人心靈真正歸屬之處。

> 岳愛美
> 英國海外傳道會盲童學校創辦人
> 逝於1949年6月6日
> 終年八十一歲
>
> 宮維賢
> 福州宣教醫院創辦人
> 逝於1951年11月18日
> 終年八十六歲

岳愛美的墓碑沒有墓誌銘,但以下文字足可代替:
「她以音樂服事盲人,又設立可以通行全中國的標音點字系統,貢獻良多,遠超世人所稱道。」[39]

---

[38] 《傳道會展望》,1950年12月,頁4-5。
[39] Robinson, *Amy Wilkinson*, 155.

後記

2016年10月，我們在香港機場降落，準備踏上十天的福州訪問之旅。我們先到候機室會合韓路得和她丈夫拜恩（路得是岳愛美和宮維賢的外曾孫女），再乘搭一小時的航機。我們四人都又緊張又興奮。抵達後，我們發現可以從酒店房間看到閩江對岸的南台島。

翌日早上，我們乘專車到福州盲校的新校園。盲校現已成為男女校，而我們則是他們本年國際盲人日慶祝活動的榮譽嘉賓。在大門口，就有一小隊女生組成儀仗隊迎接我們，她們的制服色彩斑斕。然後，校長、教職員、校董會成員和張金紅博士熱情地歡迎了我們。張博士是我們的翻譯。他們帶我們看了校園的龐大建築和操場。

我們進入主禮堂時，全場幾百人都站立鼓掌。我們環顧四周，看見在席的有學生、老師、家長、校友，還有社會各界人士。他們看見岳愛美的外曾孫女來做

榮譽嘉賓,都格外興奮。大會的節目以一隊樂隊的表演開始,今次的隊伍有男有女。之後,有校友以中文唱《友誼萬歲》(Auld Lang Syne)。大會的節目多姿多彩,表演者由幼兒到已成為中國明星的校友都有,其中有一位還曾經在類似中國版《X音素》(X Factor)的比賽獲勝!失明的學生們經常與表演者有各式各樣的即興互動——拍手、擺動身體、打拍子、踏腳、甚至熱情地唱歌。

掌聲最熱烈的項目,是中國國家盲人足球隊的五名隊員的表演。他們剛剛從里約熱內盧的殘疾人奧林匹克運動會回來,飲恨錯失了一枚銅牌。大會開始前,路得和拜恩在學校操場與他們踢盲人足球,我們得以觀看他們出神入化的技術。所有學生都非常自在、愉快,師生之間顯然感情甚篤,有些老師本身就是盲人。我們覺得岳愛美一定會很喜歡這裡,也感到她的精神洋溢在整個活動中。在整個旅程期間,人們提到她的名字時,往往懷著恭敬。在接待處的告示牌上,也有她的照片。

大會結束後,我們與學校現任和前任的主要職員、幾位年紀較長的學生和幾位傑出校友一同喝早茶。席間,我們分享了研究所得的故事和老照片,而最年老的校友則分享他與他老師的回憶。這位老師就是盲童樂隊的短號手,曾在英格蘭巡演。最令我們驚喜的,

是看到岳愛美在 1910 年南京展覽會後獲頒的那枚勳章，實在非常精美。

我們還認識了盲校在共產黨勝利後的故事。1951 年 7 月，男校和女校合併，校址遷至南台島的蒼山。由於宣教士被驅逐，所以學校的行政管理都移交給本地的政府組織。接下來的二十年，學校的校名、校長和政策都歷經變化。然而，學校繼續生產產品、參與體育活動，並在省內、全國和甚至偶爾在國際比賽中獲獎。在這期間，學校與澳洲的關係鮮有記載。不過，安美瑞（Mary Andrews）曾於 1986 年到此訪問，並為詩班錄音。安美瑞曾是海外傳道會的宣教士，也曾任悉尼女執事培訓學院（Deaconess House）的校長。在 1990 年代，中華人民共和國現任主席、時任福州市委書記的習近平熱衷教育，因而親自支持盲校建設新校園。[1]

如今，雖然盲校不再是一個基督教機構，但「光明」的意象一直是學校使命宣言的重要元素。正如校歌中的一節：

> 「靈光」、「明道」是我的驕傲，
> 福州盲校讓我們自豪；
> 我們以嶄新的精神面貌，
> 把美好的生活創造。

---

[1] 見《福州市盲校》，尤其是第 10-11 頁。

接下來的幾天，我們參觀了岳愛美和宮維賢曾經生活和工作的主要地方。其中，有些相當破落，另一些則已重建。最令我們眼前一亮的，是有天去了城外鼓嶺山上，我們首次發現宮氏家族的避暑小屋。我們帶路得和拜恩參觀了北門附近的醫院，該院如今已是福州市第二大醫院，附近曾是早期盲校的所在；又帶他們到鼓嶺，宮氏伉儷曾在此居住、休閒和社交；又帶他們到南台島的外國租界區，宮岳二人在此結婚，並與其他宣教士共度時光；又帶他們到一所教堂，宮氏伉儷曾在此崇拜、路得的祖母也在此受洗；我們還到了市中最古老的教堂，他們現在每週有一萬名教友，我們也在他們的英語課上分享了關於岳愛美的故事。

插圖 34：岳愛美與宮維賢在唐橋井之墓

後記

在福州之旅的尾聲，我們回想上次在唐橋井，去了岳愛美和宮維賢的墓前。那天下午，陽光明媚，我們公墓一個安靜的角落，朗讀了以下經文。他們二人畢生事奉的異象，都反映在這段經文裡。

> 我又看見一個新天新地……我又看見聖城，新耶路撒冷由神那裏，從天而降，預備好了，就如新娘打扮整齊，等候丈夫。我聽見有大聲音從寶座出來，說：「看哪，神的帳幕在人間！他要和他們同住，他們要作他的子民。神要親自與他們同在。神要擦去他們一切的眼淚；不再有死亡，也不再有悲哀、哭號、痛苦，因為先前的事都過去了。」
>
> 那位坐在寶座上的說：「看哪，我把一切都更新了！」……
>
> 天使又讓我看一道生命水的河，明亮如水晶，從神和羔羊的寶座流出來，經過城內街道的中央；在河的兩邊有生命樹，結十二樣的果子，每月都結果子；樹上的葉子可作醫治萬民之用。以後不再有任何詛咒。在城裏將有神和羔羊的寶座。他的僕人都要事奉他，也要見他的面。他的名字將寫在他們的額上。不

再有黑夜;他們也不需要燈光或日光,因為主神要光照他們。他們要作王,直到永永遠遠。²

---

² 啟示錄二十一 1-5; 二十二 1-5。

參考書目

"An Overview of the Chinese Expositions during the Late Qing Dynasty—An Article Celebrating China's First Ever World Expo." *Wikipedia*. http://en.wikipedia.org.

A Souvenir of "Africa and the East" CMS Exhibition, Agricultural Hall, 17 May to 15 June, 1922.

Banks, Linda, and Robert Banks. *Through the Valley of the Shadow: Australian Women in War-torn China*. Studies in Chinese Christianity. Eugene, OR: Pickwick Publications, 2019.

Banks, Robert. "The Influence of the Keswick Movement on the Transmission of Christianity in China." *Lucas Series* 2/9 (2015–16) 49–72.

Banks, Robert, and Linda Banks. *View from the Faraway Pagoda: A Pioneer Australian Missionary in China from the Boxer Rebellion to the Communist Insurgency*. Melbourne: Acorn, 2013.

Bays, Daniel H. *A New History of Christianity in China.*

Blackwell Guides to Global Christianity. Malden, MA: Wiley-Blackwell, 2012. [1]

Beard, W. L. Collection in Yale University Library. libraryyale.edu/divinitycontent/beard/Beard1913.

"Blindness Is a Public Health Issue in China." http://www.who.int/mediacentre/factsheets/fs230/en/.

Chant, Barry. *The Spirit of Pentecost: The Origin and Development of the Pentecostal Movement in Australia 1870–1930*. Adelaide: Emeth, 2011.

Church Missionary Society Archives. *Annual Letters of Missionaries, Church Missionary Gleaner, Church Missionary Intelligencer, Church Missionary Outlook, CMS Home Gazette, Eastward Ho, Extracts from Annual Reports, Mercy and Truth*. In Adam Matthews Digital Publications. https://www.amdigital.co.uk/primary-sources/church-missionary-society-archive/.

Codrington, Florence I. *Bring-Brother: One of the Children-in-Blue from the Town of Lone Bamboo*. London: Church of England Zenana Missionary Society, 1919.

Cole, E. Keith. *A History of the Church Missionary Society of Australia*. Melbourne: Church Missionary Society

---

[1] 編按：中譯本為裴士丹：《新編基督教在華傳教史》，尹文涓譯（新北：台灣基督教文藝，2019）。

Historical Publications, 1971.

Dickey, Brian. ed. *The Australian Dictionary of Evangelical Biography*. Sydney: Evangelical Historical Association, 1994.

Dictionary of Sydney, 2008. http://www.dictionaryof sydney.org/entry/Kirkham.

Dunch, Ryan. *Fuzhou Protestants and the Making of a Modern China 1857–1927*. New Haven: Yale University Press, 2001.

Dunlop, E. W. "Oxley, John Joseph (1784–1828)." In *The Australian Dictionary of Biography (ADB)*. National Centre of Biography, Australian National University: http://adb.anu.edu.au/biography/oxley-johnjoseph,2530/text3431/.

"Eliza Hassall." *Illawarra Historical Society* (2 March/April, 1999).

Fagg, May. *Two Golden Lilies from the Empire of the Rising Sun*. 1920?. Reprint, London: Forgotten Books, 2011.

Fu Zhou Shi Mang Xiao. Fuzhou: Fuzhou Blind School, 2010.

Goodman, Ruth. *How to Be a Victorian*. London: Penguin, 2013.

Grubb, Norman. *C.T. Studd: Cricketer and Pioneer*. London: Lutterworth, 1933.

Hackett, Bob. "Rising Storm: The Imperial Japanese Navy

and China." http://www.combinedfleet.com/Rising.htm.

Harford, C. F. "The Climate of the CMS Mission Fields: XI Foochow." *Mercy and Truth* (November 1909) 56–59.

Hassall, James. S. *In Old Australia: Records and Reminiscences from 1794*. 1902. Reprint, North Sydney: Library of Australian History, 1977.

Hsu, I. C. Y. *The Rise of Modern China*. 5th ed. New York: Oxford University Press, 1995.[2]

Hope, Alistair and Ellen. Family Collection. For Diary and Letters of Isabel Hope.

Ibbotson, Mary E. et al. *Everyday Tales of China*. London: Church Missionary Society, 1950?[3]

Johnson, Richard. *The Search for the Inland Sea: John Oxley, Explorer*. Melbourne: Melbourne University Press, 2001.

Johnston, James. *China and Formosa: The Story of the Mission of the Presbyterian Church of England*. London: Hazell, Watson & Viney, 1897.[4]

---

[2] 編按：中譯本為徐中約：《中國近代史（上冊）》，計秋楓、朱慶葆譯，茅家琦、錢乘旦校（香港：香港中文大學，2001）。

[3] Ibbotson 是李北辰（T. C. Ibbotson）夫人。

[4] 編按：按國立臺灣歷史博物館典藏網，此書中譯名當為《中國與臺灣：英國長老教會傳教的故事》。見 https://collections.nmth.gov.tw/CollectionContent.

Johnstone, Samuel M. *Samuel Marsden: A Pioneer of Civilization in the South Seas*. Sydney: Angus & Robertson, 1932.

Kerr, Gordon. *A Short History of China: From Ancient Dynasties to Economic Powerhouse*. Harpenden: Pocket Essentials, 2013.

Lee, Joseph T.-H. *The Bible and the Gun: Christianity in South China 1860–1900*. New York: Routledge, 2001.[5]

Lovell, Julia. *The Opium War: Drugs, Dreams and the Making of China*. Sydney: Picador, 2011.[6]

Ma, Min, and Ai Xianfeng. *Zhang Jian and the World Exposition in the Early Years of the 20th Century: An Inter-Cultural Historical Observation*. Huazhong Normal University, China. http://www.princeton.edu/~collcutt/doc/MaMin_English.pdf, 4.[7]

---

aspx?a=132&rno=2009.011.0371。
[5] 編按：中譯本為李榭熙：《聖經與槍炮：基督教與潮州社會（1860—1900）》，雷春芳譯（北京：社會科學文獻出版社，2010）。
[6] 編按：中譯本為藍詩玲：《鴉片戰爭：毒品、夢想與中國建構》，潘勛譯（新北：八旗文化，2016）。
[7] 編按：馬敏、艾險峰：〈張謇與20世紀初年的博覽會——一個跨文化互動的歷史觀察〉。華中師範大學。http://www.princeton.edu/~collcutt/doc/MaMin_Chinese.pdf。

McKenna, Mark. *An Eye for Eternity: The Lift of Manning Clark*. Melbourne: Melbourne University Press, 2011.

Miles, M. "Disability and Dialogue in East Asia: Social and Educational Responses from Ancient to Recent Times." Rev. ed. 4.0, August 2007. https://www.independentliving.org/docs7/miles200708.html.

Outlook for the Blind 10 (Spring 1917) 4, editorial.

Paddle, Sarah. "To Save the Women of China from Fear, Opium and Bound Feet: Australian Women Missionaries in Early Twentieth-Century China." *Itinerario: International Journal on the History of European Expansion and Global Interaction* 34/3 (2010) 67–82.

Pollock, John C. *The Cambridge Seven*. Leicester, UK: IVP, 1966.[8]

Preston, Diana. *The Boxer Rebellion: The Dramatic Story of China's War on Foreigners that Shook the World in the Summer of 1900*. New York: Berkley, 2001.[9]

Reeson, Margaret. "Thomas Hassall." In *Australian Dictionary of Evangelical Biography (ADEB)*, 1:159–60. Melbourne: Melbourne University Press, 1960.

---

[8] 編按：中譯本為蒲樂克：《劍橋七傑》，饒孝榛譯（校園書房，1975）。

[9] 編按：中譯本為普雷斯頓：《義和團》，周怡伶譯（新北：光現出版，2019）。

Reinders, Eric. *Borrowed Gods and Foreign Bodies: Christian Missionaries Imagine Chinese Religion.* Berkeley: University of California Press, 2004.[10]

Roberts, Claire. *Photography in China.* London: Reaktion Books, 2013.

Robinson, Keith & Wang, Lingli. *Mrs Amy Wilkinson and the Chinese Blind Boys Band.* Middlewich: Lulu-com, 2022.

Schifrin, H. Z. *Sun Yat Sen and the Origins of the Chinese Revolution.* Center for Chinese Studies. Publications. Berkeley: University of California Press, 2010.[11]

Stewart, J., and D. Hassall. *The Hassall Family: Celebrating 200 Years in Australia.* Hassall Family Bicentenary Association, 1998.

Stock, Eugene. *For Christ and Fuh-kien: The Story of the Fuh-kien Mission of the Church Missionary Society.* London: Church Missionary Society, 1904.

Tang, P. K. "Mission in China: A History of the Church

---

[10] 編按：中文可參陳懷宇的評論：評阮德斯（Eric Reinders）：《外神與異體：基督教傳教士想像中國宗教》。載於《漢語基督教學術論評》第7期（2009年6月1日）：205-210。

[11] 編按：中譯本為史扶鄰：《孫中山與中國革命的起源》，丘權政、符致興譯（北京：中國社會科學，1981）。

Missionary Society," 1–3. In https://asiacms.net/wp-content/uploads/2015/12/CMS-in-ChinaV2.pdf.

Taylor, Hudson. *Dr and Mrs. Hudson Taylor and the China Inland Mission*. Vol. 2, *The Growth of a Work of God*. London: China Inland Mission, 1911.

Teale, R. "Hassall, Eliza Marsden (1834–1917)." In *The Australian Dictionary of Biography*: http://adb.anu.edu.au/biography/hassall-eliza-marsden-12970/text23439.

Walker, David. *Anxious Nation: Australia and the Rise of Asia 1850–1939*. Brisbane: University of Queensland Press, 1999.[12]

Watson, Mary E. *Robert and Louisa Watson: In Life and Death*. London: Marshall, 1895.

Welch, Ian H. "Mary Reed of Australia and the China Inland Mission." Working paper. August 2014. https://openresearch-repository.anu.edu.au/bitstream/1885/13040/1/Welch%20Mary%20Reed%202014.pdf.

———. "Nellie, Topsy and Annie: Australian Anglican Martyrs, Project Canterbury," 2004. In http://anglicanhistory.org/asia/china/welch2004.pdf.

---

[12] 編按：中譯本為沃克：《澳大利亞與亞洲》，張勇先等譯（北京：中國人民大學出版社，2009）。

———. "The Vegetarians (Ys'ai hui): A Secret Society in Fujian, China, 1895." *Journal of the Oriental Society of Australia* 39–40/2 (2007–2008) 468–83.

White, W. C. "Three Weeks with Opium Smokers in a Chinese Village." *Chinese Recorder and Missionary Journal* 37 (1906) 628–31.

Wilkinson, Amy Oxley. "School for Blind Boys, Foochow, China." In *Report of the International Conference on the Blind and Exhibition of the Arts and Industries of the Blind*, 445–49. London: Westminster, 1914.

———. *Soul-Lighted School*. London: Church Missionary Society, n.d.

Wilkinson, George. Family Collection, Cadbury Library, University of Birmingham.

———. "Cases of Abdominal Surgery." *China Medical Journal* (January 1920) 1–.

———. "Loan of an Idol Temple." *Mercy and Truth* October (1909) 333–41. http://www.chinesemedalblog.com.

Wong. H. R. *And There Was Light*. Vol. 4. London: Forgotten Books, 1934.

Yarrington, W. H. H. *The Blind Chinese Boy*. New South Wales: Church Missionary Society, n.d..

Yarwood, Alenander T. "Samuel Marsden." In *The Australian Dictionary of Evangelical Biography (ADEB)*, edited by Brian Dickey, 250–53. Sydney: Evangelical Historical Association, 1994.

陳智衡 [Chi-Hang Chan]。《紅火淬煉：近代中國基督教政教關係史1911-1952》 [*Trial by Fire: Historical Perspectives on Church-State Relations in China (1911-1952)*]。香港：建道神學院，2016。

中譯參考資料

Boynton, Charles L. *Directory of Protestant Missions in China, 1919*. Shanghai: Kwang Hsueh Publishing House. https://divinity-adhoc.library.yale.edu/directories/1919_ Directory.pdf。

Davies, Stephen "The Parallel Worlds of Seafarers: Connections and Disconnections on the Hong Kong Waterfront (1841-1970)." In Elizabeth Sinn and Christopher Munn (eds.). *Meeting Place: Encounters across Cultures in Hong Kong, 1841-1984*. (Hong Kong: Hong Kong University Press, 2018.

史蒂亞［Steer Roger］。《戴德生——摰愛中華》［Hudson Taylor: a Man in Christ］。梁元生譯。香港：福音證主，2005。

香港教區聖神研究中心、香港中文大學崇基學院宗教與中國社會研究中心、台北輔仁大學天主教史料研究中心的聯合出版：《義和團運動與中國基督宗教》

黃巧蘭：〈清廷查禁天主教期間（1717-1840）傳教活動之研究〉（國立臺灣師範大學碩士論文，2007年），99。https://hdl.handle.net/11296/t49ncf。

黃仰英（Y. Y. Huang）編：《飲水思源》。星加坡：新馬出版，1972。http://anglican history.org/asia/skh/yinshui.pdf。

黃光域編：《基督教傳行中國紀年（1807-1949）》。廣西師範大學出版社，2017。

黃慧貞、招璞君編：《聖公會敘事：基督教婦女與華人社會》［Christian Women in Chinese Society: The Anglican Story］。香港：香港大學出版社，2018。

新加坡國家圖書館：〈新聞展廊：頭條之外〉［The News Gallery: Beyond Headlines］展覽手冊。https://exhibitions.nlb.gov.sg/files/newsgallery/NLB_Exhibition_Guide_ CHINESE.pdf

家譜網站 https://www.geni.com/ 及 https://en.geneanet.org/

人名對照

Andrews, Mary. Deaconess. 安美瑞會吏
Baldwin 鮑德溫
Barr, Marta 巴瑪塔
Baring-Gould, Sabine. Rev. 巴齡古牧師
Beard, William L. 裨益知
Begbie, H. S. Rev. 貝葛畢牧師
Carpenter, John Baker. 木先生/ 牧師
Chang, Michael. Bishop. 張光旭主教
Clark, Manning 赫萬寧
Clark, Russell. Dr. 郭宏信醫生
Cooke. 曲先生
Ding Sing Ang 陳永恩
Drew, William J. 朱佩儒
Graham, Lilian Catherine 禮荷蓮
Grubb, George. Rev. 喬治·古蒲牧師
Hammond, R. B. S. Rev. 夏文牧師
Harrison, Eleanor J. 漢依蓮 (漢師姑)

Hartwell, Emily 夏詠美

Hoare, Joseph Charles. Bishop. 霍約瑟主教

Kendall, Alice C. 江艾莉 (江師姑)

Kendall, Henry 江亨利

Ling Kai 邵寧開 (首位學生)

Little, Eugenie L. 謝佑珍 (謝師姑)

Lloyd, Llewellyn. Rev. 羅為霖牧師

Martin, E. William. Rev. 馬田牧師

Matthews, Nellie. 孟筱思

Nettleton, Edith 念懿德

Newton, Sophie Sackville 伍蘇菲 (師姑)

Norton, Edward. M. Rev. 高凌霄牧師

Onyon, Marion 翁美安 (翁師姑)

Quong Tart 梅光達

Reed, Mary 列瑪麗

Saunders, Nellie 荀內莉

Saunders, Topsy 荀託偲

Searle, Minna. 邵敏娜 (邵師姑)

Sinke. Rev. 辛克牧師

Stewart, Louisa 史師母

Stewart, Robert. Rev. 史犖伯牧師

Stock, Eugene. 司徒友仁

Studd, Charles Thomas 施達德

Taylor, Hudson 戴德生

Taylor, van Someren. Dr. 雷騰醫生
Wilberforce, William 威廉·威伯福斯
Wolfe, John Richard. Archdeacon. 胡約翰會吏長

報刊名稱對照

Albury Banner 《奧爾伯里標題報》
Bowral Free Press 《鮑拉鎮自由報》
Brisbane Courier 《布里斯本郵報》
Camden News 《康登新聞報》
China Medical Journal 《博醫會報》
Children's Newspaper 《兒童新聞報》
Church Missionary Gleaner 《傳道會拾穗》
Church Missionary Outlook 《傳道會展望》
CMS Home Gazette 《海外傳道會公報》
Cumberland Argus 《坎伯蘭阿古斯報》
Cumberland Free Press 《坎伯蘭自由報》
Daily Express 《每日快報》
Daybreak 《破曉》
Dover Express 《多佛快訊》
Eastward Ho 《東拓》
Evening News 《悉尼晚報》

Illawarra Historical Society 《伊拉瓦拉歷史學會》
Illawarra Mercury 《伊拉瓦拉信使報》
India's Women and China's Daughters《印度婦女及中國女兒》
Maitland Daily Mercury 《梅特蘭信使日報》
Mercy and Truth 《慈愛與真理》
Scrutineer and Berrima District Press 《貝里瑪地區監察報》
Singapore Press and Mercantile Advertiser 《新自由西報》
Sydney Morning Herald 《悉尼晨鋒報》
The Advertiser 《廣告人報》
The Age 《世紀報》
The Daily Sun 《每日太陽報》
The Missionary at Home and Abroad 《海內外的宣教士》
The Register 《紀錄報》
The Tamworth Daily Observer 《譚沃思每日觀察報》
Town and Country 《城鄉雜誌》
United Methodist 《聯合衛理報》
Wagga Wagga Daily Advertiser 《沃加沃加每日廣告報》

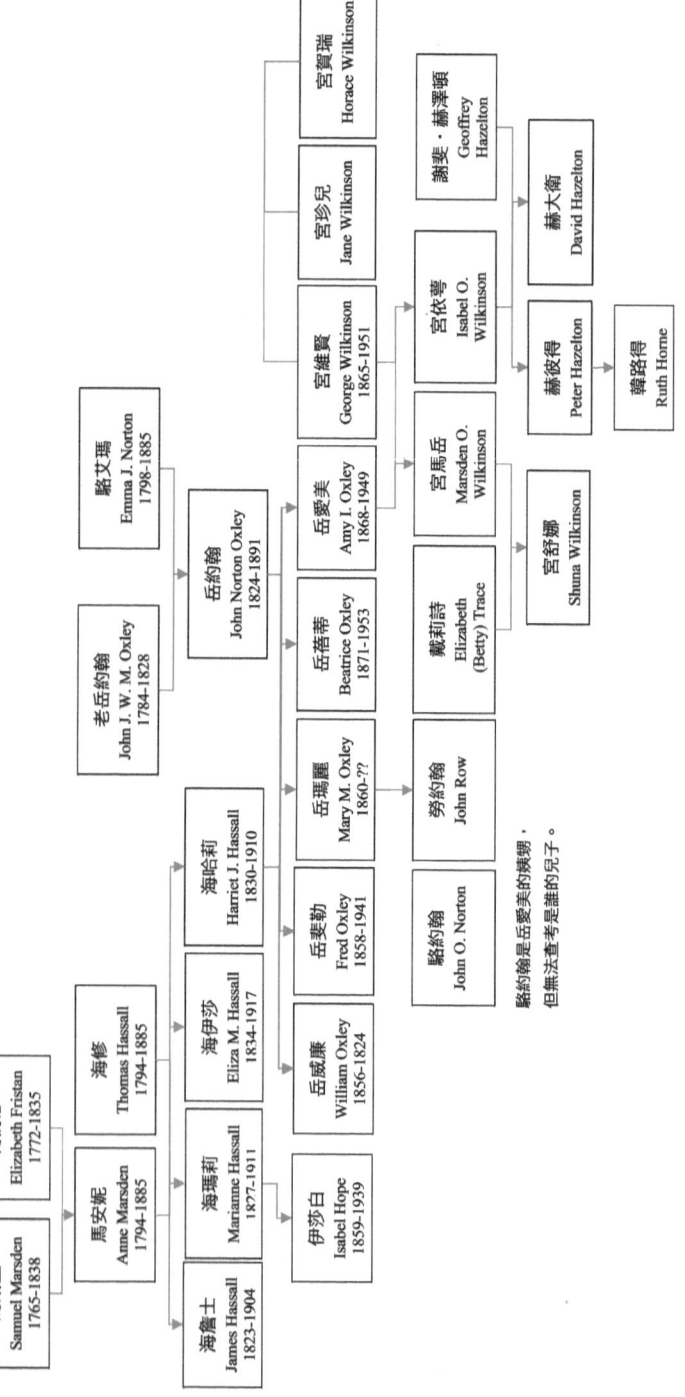

www.ingramcontent.com/pod-product-compliance
Lightning Source LLC
Chambersburg PA
CBHW020138130526
44591CB00030B/115